Klassische Schullektüre
Herausgeber: Ekkehart Mittelberg

Roßbach

Klassische und moderne Kurzgeschichten

Varianten – Kreativer Umgang – Interpretationsmethoden

Lehrerheft
von Herbert Fuchs und Ekkehart Mittelberg

Cornelsen
HIRSCHGRABEN

INHALT

Umschlagentwurf: C. M. Estenfelder, Frankfurt am Main

1. Auflage 1988

Satz: Kösel, Kempten
Druck: Saladruck, Berlin
ISBN 3-454-52185-8
Vertrieb: Cornelsen Verlagsgesellschaft, Bielefeld
Bestellnummer 521858

VORWORT

Da die Zielsetzung der Arbeit mit den klassischen und modernen Kurzgeschichten schon im Vorwort zum Schülerheft erläutert wurde, können die wichtigsten Intentionen hier in aller Kürze dargelegt werden:

Das Lehrerheft ist darauf abgestimmt, daß das Schülerheft sich an Schüler der Mittelstufe und der gymnasialen Oberstufe wendet. So sind zum Beispiel die zu dem Kapitel IV „Methoden der Interpretation", das vor allem für Schüler der gymnasialen Oberstufe gedacht ist, von den Verfassern erstellten Texte „Die werkimmanente Interpretation" und „Die literatursoziologische Methode" im Lehrerheft abgedruckt worden. Diese Texte können fotokopiert und bei Bedarf den Schülern vorgelegt werden, falls Sie es nicht vorziehen, die Methoden mit Hilfe der Texte im Lehrervortrag zu erläutern. Wenn Sie das explizite Bewußtmachen der Methoden überhaupt für eine didaktische Verfrühung halten, können Sie diese propädeutisch auf der Mittelstufe einführen, indem Sie die im Schülerheft abgedruckten texterschließenden Aufgaben zu den Primärtexten und den Sekundärtexten zu Fühmann erarbeiten lassen.

Keineswegs ist daran gedacht, alle im Schülerheft enthaltenen Möglichkeiten in einer Unterrichtseinheit zu nutzen. Wir empfehlen folgende Kombinationen der einzelnen Kapitel, deren Funktion im Vorwort des Schülerheftes näher erläutert wird,

für die Mittelstufe: Kapitel I, II und III in Auswahl
Kapitel I, II und V in Auswahl
Kapitel I, II und VI in Auswahl
für die Oberstufe: Kapitel I, IV und V in Auswahl
Kapitel IV und VI in Auswahl.

Für die Mittelstufe heben wir hervor, daß wir in dem selbständigen Gestalten (Kap. II des Schülerheftes) ein Kernstück der Arbeit an Kurzgeschichten sehen.

Betonen möchten wir noch, daß unseres Erachtens mit den Sekundärtexten des Schülerheftes in Kapitel VI – zumindestens auf der Oberstufe – wegen der ausführlichen Begriffserläuterungen und der Arbeitsanregungen auch ein weitgehend selbständiger Umgang möglich ist.

Ekkehart Mittelberg *Herbert Fuchs*

I. UNTERSCHIEDLICHE VARIANTEN VON KURZGESCHICHTEN

Anna Seghers Das Obdach

1. Interpretation

Ort der Handlung der 1941 geschriebenen Erzählung „Das Obdach" von Anna Seghers ist das Paris des Jahres 1940, eine Zeit also, in der ein großer Teil Frankreichs und schließlich die Hauptstadt selbst von den Deutschen besetzt wurden. Die Autorin kannte die Kriegsverhältnisse, da sie nach ihrer Flucht 1933 aus Deutschland in Frankreich lebte und 1940 aus Paris in das unbesetzte Frankreich floh.

Krieg und Nazibesetzung sind vom ersten Satz an in der Kurzgeschichte präsent und bestimmen das Geschehen und die Schicksale der Figuren. Im Mittelpunkt der *Handlung* stehen drei Menschen: das Ehepaar Meunier und ein zwölfjähriger Junge, im Text als ‚der Knabe' bezeichnet. Luise Meunier erfährt von einer Freundin von dem Schicksal des Zwölfjährigen: Sein deutscher Vater wurde von der Gestapo entdeckt und verhaftet; dem Sohn drohte Deportation nach Deutschland zu seinen Verwandten. L. M. nimmt den Knaben, der perfekt Französisch spricht und nicht wie ein Deutscher aussieht, bei sich auf, um ihn vor der Abschiebung zu retten, die er auf keinen Fall will. Ihrem Mann, der aus anpasserischer Resignation es für dumm hält, einem Deutschen Obdach zu gewähren, erzählt sie, der Knabe sei ein Verwandter.

Die Zusammenfassung des Inhalts des ersten Teils der Erzählung macht die *Figurenkonstellation* und den *Konflikt*, in dem sich die Figuren befinden, deutlich. Mann und Frau nehmen unterschiedliche Haltungen dem Kriegsgeschehen gegenüber ein. Idealtypisch vereinfacht stellt sich dies so dar: Der Mann fügt sich zunächst dem Schicksal der Besatzung, während sie sogleich praktisch handelnd das Schicksal des Jungen unter Gefährdung ihrer eigenen Existenz in die Hand nimmt. Luise Meunier, die eher zufällig mit dem Schicksal des von der Gestapo verfolgten Knaben konfrontiert wird, trifft sofort eine Entscheidung, aus der schnell Anteilnahme und Mitgefühl für den Jungen entstehen.

Im Laufe der Erzählung erwachsen aus diesem zunächst sehr spontanen Interesse an dem Knaben zunehmend Engagement für das Opfer der Besatzungsmacht (heimliches Treffen mit dem Knaben im Cafe; der Plan, die Identität des Knaben vor ihrem Mann zu verheimlichen; der zweite Besuch bei ihrer Freundin Annette). Die Bestärkung und Bestätigung ihres Entschlusses, dem Knaben heimlich Obdach zu gewähren, erhält sie (zunächst) nicht von ihrem Mann, sondern aus der Erfahrung der Kriegssituation in der Stadt. Der Anblick der Hakenkreuze, der deutschen Besatzer und der Käuferschlangen vor den Läden geben ihr die Kraft durchzuhalten. („... so daß sie bei ihrem Eintritt in ihre Küche dem fremden Knaben in einem zweiten Willkommen übers Haar strich.")

Im Verlaufe der Handlung verlagert sich die Aufmerksamkeit des Lesers von der Frau auf den Mann. Zunächst ist die Frau allein handlungsbestimmend. Auch als der Mann in das Geschehen eintritt, wird er ganz aus der Sicht der Frau dargestellt und beschrieben. Im letzten Drittel der Erzählung jedoch wird der Mann zur zentralen Figur der Handlung.

Anders als Luise Meunier macht er innerhalb des Handlungsablaufs eine entscheidende Entwicklung durch. So steht er am Anfang dem Schicksal des Knaben verständnislos und ablehnend gegenüber. Er hat sich aufgrund seiner Kriegserlebnisse mit den Besatzerverhältnissen arrangiert und verbringt seine Freizeit resigniert und verbittert in Gastwirtschaften. Seine Frau durchschaut und versteht sein Verhalten und zwingt ihn daher, gerade weil sie seine engagiert politische Vergangenheit und seine Kriegserfahrung kennt, nicht zu einer direkten Entscheidung für oder gegen den Knaben. Es ist kennzeichnend für Seghers' Art der Darstellung, daß nicht das Verhalten einer Einzelperson, des Knaben, sondern die Verhältnisse insgesamt die Handlungsweise des Mannes prägen. Die Wandlung des Mannes wird nicht durch das bemitleidenswerte Schicksal einer Person, des Knaben, ausgelöst, sondern durch die Erfahrung der schlimmen Verhältnisse der Nazibesatzung bewirkt. Je deutlicher und direkter ihn die Kriegsverhältnisse betreffen – das beginnt damit, daß er sieht, daß die Deutschen allen Käse abtransportieren, die Schmiede in seiner Straße besetzen und seine Gastwirtschaft vereinnahmen –, desto nachdenklicher und – allmählich – engagierter wird er. Daß er aus seiner Lethargie erwacht, zeigt sich vor allem dort, wo ihm die Ausbeutung seines Betriebes durch die Deutschen für deren Krieg im Osten bewußt wird. Er verdrängt nicht mehr Naziherrschaft und Krieg, sondern erkennt diese als die das Leben anderer, aber auch sein eigenes Leben zerstörenden Kräfte. („Dem Meunier und seinen Gästen war es längst nicht mehr zum Lachen, der Meunier lobte jetzt nicht mehr die deutsche Ordnung, mit feiner, gewissenhafter, gründlicher Ordnung war ihm das Leben zerstört worden, im Betrieb und daheim, seine kleinen und großen Freuden, sein Wohlstand, seine Ehre, seine Ruhe, seine Nahrung, seine Luft.")

Folgerichtig läuft die innere Entwicklung des Mannes auf den Punkt zu, an dem (wieder) politisches und menschliches Einverständnis zwischen ihm und seiner Frau bestehen. Es ist der Moment, als er seine Achtung vor der Widerstandstat des Vaters des Knaben bezeugt und die Wahrheit über den Knaben erfährt. Indem Luise Meunier und ihr Mann dem Kind Obdach gewähren, leisten sie ihren jetzt gemeinsamen Beitrag zum Widerstand und Kampf gegen die deutschen Besatzer.

Die dritte Figur der Erzählung, der Knabe, verdient als willensstarke (sein Blick) und disziplinierte Persönlichkeit (er verrät sich trotz der Aggressionen des Mannes nicht) Beachtung. Indem er sich schon anfangs, die ungewissen Folgen einer Handlungsweise nicht kennend, gegen die Deportation in seine ‚Heimat' wehrt, erweist er sich sogleich als die politische Persönlichkeit, zu der der Mann erst wird: Desungeachtet sieht die Strategie der Erzählerin vor, daß der Mann nicht durch die Anwesenheit des Knaben reift, sondern nach bereits vollzogener Entwicklung diesem unter seinem Dach ein Heim geben kann.

Der Schlußabschnitt setzt eine Art Rahmen und beglaubigt die Wahrscheinlichkeit (Wahrheit ?) der Fiktion. Die Geschichte von dem Ehepaar Meunier und dem

Knaben wird dadurch zu einem Beispiel für Entwicklung und Möglichkeiten des Widerstandes in einem besetzten Land.

In der Interpretation dieser didaktischen Kurzgeschichte wurde nicht auf die Sprache eingegangen. Dies hängt mit der Absicht der Autorin zusammen, ästhetische Momente hinter dem Inhalt und der Erzählstrategie zurücktreten zu lassen. Die bewußt gewählte Kargheit der erzählerischen Mittel gibt den Schülern die Gelegenheit, sich ganz auf die Entwicklung der Handlung und ihre Ursachen konzentrieren zu können.

2. Unterrichtszusammenhang und didaktische Analyse

Natürlicherweise stellt sich als erste Frage, warum diese Kurzgeschichte an den Anfang gestellt wurde. Es ist davon auszugehen, daß die meisten Schüler der Mittelstufe erst im 9. und 10. Schuljahr mit Kurzgeschichten konfrontiert werden. Erzählungen sind ihnen aber mit Sicherheit bekannt. Die Geschichte „Das Obdach“ enthält noch Elemente der Erzählung, weil die Handlung sukzessiv ohne Ortswechsel und zeitliche Montagen abläuft, weil sie einen zeitlich genau fixierten Anfang und ein relativ geschlossenes Ende hat und weil Wortschatz und Satzbau mit zeichenhafter symbolischer Bedeutung sparsam umgehen.

Andererseits enthält der Text bereits Momente, die die Bezeichnung ‚Kurzgeschichte‘ rechtfertigen:

- Am Ende der Kurzgeschichte weist das Thema über sich hinaus, indem das Obdach zum Heim wird.
- Der Mann Meunier, eher ein negativer Held, gerät in der Konfrontation mit den historischen Verhältnissen und dem Jungen in eine Krise und macht eine Entwicklung durch.
- Die gesamte Erzählstrategie ist auf diese Entwicklung hin geordnet. Sie gestattet sich keine fabulierenden Abschweifungen, die der Unterhaltung dienen.
- Zwischen den Figuren entsteht ein dichtes Spannungsfeld, so daß jede einzelne nicht nur äußerlich, sondern durch den Handlungsablauf selbst charakterisiert wird.
- Im Gegensatz zu einer eher auf äußere Spannungsmomente hin angelegte Erzählung erfährt diese Kurzgeschichte ihren Höhepunkt an einer Stelle, wo äußerlich nichts passiert, aber die innere Entwicklung des Mannes zu einem konsequenten Abschluß gelangt ist.

Es dürfte deutlich geworden sein, weshalb diese Kurzgeschichte als Einstieg für Schüler keine Überforderung darstellt. Aber findet sie auch ihr Interesse? Dafür spricht zunächst einmal, daß sie in der Persönlichkeit des Knaben einen leidensfähigen, tapferen Helden hat. Dem altersspezifischen Identifikationsbedürfnis entspricht auch die Figur der Frau Meunier mit ihrer Risikobereitschaft und Klugheit. Bis dahin haben wir es mit einem Typus der Kurzgeschichte zu tun, in der der Held/die Helden durch aktives Verhalten ihr Schicksal positiv bestimmen. Die eigentliche didaktische Herausforderung liegt aber in der Erkenntnis, weshalb der anfangs negative Held, der Mann Meunier, eine positive Entwicklung durchmacht, so daß sich am Ende die drei Helden unter dem Gesichtspunkt des Widerstandes gegen den Faschismus treffen. Damit ist zugleich die Erzählstrategie angesprochen, der es mindestens ebenso sehr darum geht, die Wandlung des Mannes Meunier plausibel erscheinen zu lassen, wie darum, den Jungen und die Frau Meunier als beispielgebende Helden vorzustellen.

Abschließend soll eine Schwierigkeit der Behandlung dieser Kurzgeschichte nicht verschwiegen werden. Wenn der Nationalsozialismus im politischen Unterricht noch nicht behandelt wurde, muß der geschichtliche Hintergrund sorgfältig aufbereitet werden. Dazu gehören insbesondere Begleitumstände, die dieser Schülergeneration nicht aus eigener Erfahrung bekannt sind, wie z. B. Hunger, Schlange-stehen vor Läden, politische Verfolgung, Verlust der Heimat und der Identität des Mannes Meunier.

3. Unterrichtsziele

Die Schüler sollen

- entdecken, daß von den drei Helden nur der Mann eine Entwicklung durchmacht;
- nachvollziehen, wie die Handlung geführt wird, daß es zu der inneren Wandlung des Mannes kommt;
- sich über die historischen und sozialen Verhältnisse in Frankreich unter der nationalsozialistischen Besatzung (1940) vergewissern[1];
- untersuchen, inwieweit Thema und Motiv zusammenfallen;
- prüfen, welche ihnen bekannten Elemente einer Erzählung der Text enthält;
- erfahren, in welchen Punkten sich dieser Text von bisher bekannten Erzählungen unterscheidet (nicht ganz geschlossenes Ende; Betroffenheit des „Helden“ durch das Schicksal; aktives Verhalten auf Seiten der Mitspieler (Frau, Junge), passives Verhalten des Helden; Krisensituation des Helden; Beschränkung auf Zeitausschnitt der Krise).

4. Unterrichtsverlauf und Methode

Die Schüler lesen den Text bis zu der Antwort des Jungen: „Noch besser hier als dort.“ Die Schüler sollen begründete Vermutungen darüber anstellen, wie es dem Jungen weiter ergehen wird. Damit es nicht zu willkürlichen Spekulationen kommt, stellt der Lehrer die Frage, wodurch das weitere Schicksal des Jungen beeinflußt werden kann. Dazu empfiehlt es sich, Befunde zum bisher bekannten Verhalten der Hauptpersonen und der Nationalsozialisten an der Tafel festzuhalten.

1 vgl. Gordon A. Craig: Geschichte Europas 1815 – 1980. München: C. H. Beck 1983, S. 529 f., und Wilhelm Treue: Deutsche Geschichte. Stuttgart: Kröner 1958, S. 758 f.

Tafelanschrift 1

Bisher bekanntes Verhalten			
des Jungen selbst	des Mannes M.	der Frau M.	der Nationalsozialisten
– redet kaum und weint nicht – beobachtet scharf – stellt die Frau auf die Probe (Frage nach Angst) – will auf keinen Fall in seine deutsche Familie zurückkehren	– „Ich hätte an ihrer Stelle den Jungen eingesperrt“ – rechtfertigt das Verhalten des nationalsozialistischen Offiziers – aus der Sicht der Frau: „Er glich aber jenem Riesen ... zuletzt beim Teufel endet.“ – paßt sich den Verhältnissen an – schlägt den Jungen aus geringfügigem Anlaß	– macht ihr hilfreiches Verhalten vom Augenschein abhängig – „wuchs mit gewaltigem Maß das Selbstverständliche, und mit dem Maß ihre Kraft.“ – schätzt die politische Lage und das Verhalten ihres Mannes genau ein – überlistet den Mann – bittet den Jungen zu schweigen	– haben Paris besetzt – haben Mutter und Vater des Jungen verhaftet – verbreiten Furcht unter der Bevölkerung – haben den Herrn M. zum Anpasser gemacht – greifen zu Gewalt und Beschimpfungen gegenüber Andersdenkenden

Auch nach dieser Ermittlung kann die Aufforderung zum Weitererzählen für die Schüler noch erleichtert werden, wenn ihnen klar ist, welche Interaktionen zwischen den Personen und den Besatzern wahrscheinlich sind. Für das Weitererzählen kann man auf folgenden begründeten Vermutungen aufbauen, die die Tafelanschrift ergänzen.

Tafelanschrift 1 – Ergänzung

der Junge	der Mann	die Frau	die Nationalsozialisten
will auf jeden Fall bleiben und ist bereit, dafür zu leiden	duldet den Jungen widerwillig, den er für einen vorübergehenden Gast hält	scheint weiterhin das Selbstverständliche zu tun	würden den Jungen nach Deutschland ausweisen, wenn sie von seiner Identität erführen

Der Lehrer fragt jetzt, wessen Verhalten am wenigsten berechenbar ist, und stellt die **Hausaufgabe**, die Geschichte ohne Einsicht in die Textvorlage zu Ende zu erzählen.

Als Ergebnis der Hausaufgabe lassen sich folgende Varianten denken:

- Der Junge wird (durch Zufall ?) von der Gestapo entdeckt.
- Der Frau gelingt es durch List, den Jungen gegen den Willen des Mannes bis zum Ende der Besatzungszeit zu verstecken.
- Der Mann erfährt die Identität des Jungen und versteckt ihn, weil er ihn schätzen gelernt hat.
- Der Mann gewinnt eine andere Einstellung zu den Besatzern und versteckt den Jungen aus politischer Überzeugung.

Nach der Erörterung der Hausaufgabe lesen die Schüler in der 2. Unterrichtsphase die Geschichte zu Ende. Der Lehrer fordert zum Vergleich mit den Hausaufgaben auf und fragt, ob Anna Seghers die Geschichte überzeugend weiter erzählt hat und was für die von ihr gewählte Entwicklung spricht. Ein gewichtiges Argument für die von Seghers getroffene Wahl ist, daß der Mann als einziger labil erscheint, so daß man von ihm eine Verhaltensänderung erwarten darf. Die Schüler werden entdecken, daß die innere Wandlung des Mannes durch das Verhalten der Nationalsozialisten ausgelöst wird. Sie sammeln Textstellen, die belegen, daß dies mit innerer Notwendigkeit geschieht. Damit die Konsequenz dieser Entwicklung einsichtig wird, empfiehlt sich wieder eine Tafelanschrift.

Tafelanschrift 2

Die Entwicklung Meuniers
– verurteilt die Dummheit der Freundin – ist bereit, sich der scheinbar unabänderlichen Realität der Besatzung zu unterwerfen – rechtfertigt sich mit dem Hinweis auf deutsche Disziplin und Ordnung – schlägt den Jungen grundlos – kann den Anblick der Besatzer nicht mehr ertragen und möchte wissen, was aus dem Deutschen und dessen Sohn geworden ist – „... lobte jetzt nicht mehr die deutsche Ordnung ... seine Ehre, seine Ruhe, seine Nahrung, seine Luft“ – bewundert jetzt den Deutschen und seinen Sohn, würde den Sohn des Deutschen aufnehmen. „Ich würde ihn besser halten als meine eigenen Söhne.“

Den Schülern ist jetzt klar, daß die innere Wandlung Meuniers unter dem Druck der nationalsozialistischen Besatzung zustande gekommen ist. An dieser Stelle ist ein Lehrerreferat dazu möglich, daß die Kurzgeschichte mit den tatsächlichen historischen Verhältnissen übereinstimmt. Besser wäre allerdings ein Schülerreferat, zumal es sich um ein überschaubares Thema handelt. Das Schülerreferat muß aber rechtzeitig vor Beginn der Unterrichtseinheit vergeben werden.

Um das inhaltliche Verständnis des Textes abzuschließen, kann jetzt die diffizile Frage nach dem Zusammenhang von Thema und Motiv gestellt werden. Der Lehrer erläutert die inhaltliche Unterscheidung von Thema und Motiv (s. Begriffsverzeichnis). An welchen Stellen wird das Thema aufgegriffen? Was bedeutet das Wort ‚Obdach‘ im Vergleich zu ‚Heim‘ und ‚Heimat‘? In weiterem Sinne ist die Frage nach dem Obdach auch das Motiv, im engeren ist es die Wandlung des Herrn Meunier, die ermöglicht, daß der Junge ein Obdach im Sinne eines Heims erhält.

Um von den Unterrichtszielen zur Textsorte überzuleiten, bietet sich der Schluß an. Der Lehrer fragt, ob den Schülern die Geschichte wahrscheinlich erscheint. Da mit einer bejahenden Antwort zu rechnen ist, fragt es sich, weshalb Seghers die Authentizität ihrer Darstellung extra betont. (Die didaktische Absicht der Geschichte wirkt noch eindringlicher, wenn jeder Zweifel ausgeschlossen ist, daß sie aus der Erfahrung stammt.) Der Lehrer kann jetzt anschließen, ob es sich um eine Erzählung im bekannten Sinne behandelt, die Autorin verwende ja selber das Wort ‚erzählen'.

In einer dritten Tafelanschrift kann nun festgehalten werden, welche Merkmale einer Erzählung die Schüler kennen und wodurch sich dieser Text von ihnen vertrauten Erzählungen unterscheidet. Es empfiehlt sich, daß der Lehrer eine in seiner Lerngruppe bereits behandelte idealtypische Erzählung zum Vergleich heranzieht.

Tafelanschrift 3

Erzählung	Abweichungen von der vertrauten Vorstellung
– markanter Anfang und Schluß	– Seghers läßt offen, wie Herr Meunier auf die überraschende Mitteilung reagiert
– Person des Erzählers ist oft deutlich wahrnehmbar	– Erzähler tritt erst am Ende auf, um die Glaubwürdigkeit seiner Geschichte zu betonen
– Held der Erzählung tritt durch sein Handeln in Erscheinung, bleibt aber in der Regel der, der er ist	– Der eigentliche „Held" ist nicht sofort erkennbar; er macht eine Krise, einen Lernprozeß durch
– Held nimmt sein Schicksal in die Hand	– Hier formt das Schicksal den Helden
– Eine Erzählung arbeitet zwar auf Spannung hin, läßt sich aber dennoch Zeit	– Es wird straff erzählt. Es interessiert nur der Zeitausschnitt, in dem sich die innere Wandlung des Meunier vollzieht.

Ernest Hemingway Die Killer

1. Interpretation

Die *Handlung* dieser Kurzgeschichte ist einfach. Zwei Killer dringen in ein Restaurant ein, wo sie ihr Opfer, den Schweden Ole Andreson, einen ehemaligen Boxer, erfolglos erwarten. Der Besitzer des Lokals und seine beiden Bediensteten werden so eingeschüchtert, daß sie während der Anwesenheit der Killer nichts zur Rettung des Schweden unternehmen können. Erst als diese das Restaurant verlassen haben, versucht der Küchenjunge Nick auf Anraten des Inhabers George, den

Boxer zu warnen. Er muß jedoch erkennen, daß Ole Andreson apathisch und ohnmächtig sein Schicksal erwartet.

Die handlungsbestimmenden *Motive* sind offensichtlich Gewalt und Brutalität auf Seiten der Killer und ohnmächtige Resignation des Opfers. Auffällig ist, daß sowohl die Gewalt der Killer als auch die Apathie des Opfers wie naturgegeben erscheinen und ihre Ursachen nicht entwickelt werden.

Auch die *Personen* – das ist ein oft anzutreffendes Merkmal von Kurzgeschichten – machen innerhalb der erzählten Handlung unter dem Diktat der Gewalt keine Entwicklung durch. Die Killer funktionieren von Beginn an als seelenlose Instrumente der Gewalt. Sie haben mit ihrem potentiellen Opfer noch nie Kontakt gehabt. Der Inhaber des Lokals und die Bediensteten sind in Anwesenheit der Killer wie gelähmt. Auch das Opfer Ole Andreson sieht seinem Ende völlig schicksalsergeben entgegen. Die Schicksalsergebenheit trifft jedoch nicht für den Unerfahrensten, den Küchenjungen Nick, zu. Er versucht immerhin, Ole Andreson zu warnen, und macht in der Konfrontation mit der Gewalt und der Reaktion Andresons darauf eine Erfahrung, die ihn dazu zwingt, sein bisheriges Leben in Summit aufzugeben. Hemingway läßt offen, wie er die Erfahrung der Gewalt und der Hoffnungslosigkeit seelisch verarbeitet.

Es scheint, als unterwerfe sich auch George der allgemeinen Apathie nicht, da er Nick dazu ermuntert, Ole Andreson zu warnen. Jedoch übernimmt er die Verantwortung für dieses Risiko für sich selbst nicht.

Die Sonderstellung Nicks, der wenigstens etwas unternimmt, wird durch die Gegenfigur des Farbigen, Sam, kontrastiert, der sich in das anscheinend Unvermeidliche schickt.

Das Außerordentliche eines geplanten Mordes erscheint durch die berufsmäßige Routine der Killer, durch die provinzielle Alltäglichkeit des Ortes ‚Summit' und des Eßlokals sowie durch das angepaßte Verhalten von George und Sam seiner Besonderheit entkleidet.

Dazu paßt das schnoddrige Understatement der stereotypen *Sprache* der Killer, die bei näherer Betrachtung jedoch nicht funktionslos ist; sie unterstreicht die Gefährlichkeit der Killer und die permanente Bedrohung durch sie.

Die einfache Sprache der Kurzgeschichte kontrastiert auffällig mit der spannungsgeladenen Aktion und Atmosphäre und der dem Text zugrunde liegenden Lebensanschauung, daß der Mensch hoffnungslos der Gewalt ausgeliefert sei. Der Text besteht zu einem überwiegenden Teil aus einem realistisch anmutenden Dialog; beschreibende, erklärende, kommentierende Passagen fehlen völlig. Diese scheinbare Kunstlosigkeit und Einfachheit vermitteln den Eindruck, als sei das Geschehen etwas Alltägliches (was u. a. auch durch die emotionslosen Reaktionen von George und Sam auf die Brutalität der Gangster und das resignierende Verhalten Ole Andresons suggeriert wird). Gerade die intendierte Einfachheit der Sprache verstärkt die Aussage von der Ausweglosigkeit gegenüber der Gewalt in der Kurzgeschichte „Die Killer". Diese Ausweglosigkeit wird auch durch die ständigen Hinweise auf das Vorrücken der Zeit unterstrichen. Die Galgenfrist für Ole Andreson wird immer geringer.

2. Unterrichtszusammenhang und didaktische Analyse

Der Text „Die Killer" steht mit am Beginn der Unterrichtsreihe zur Kurzgeschichte, weil er dieses Genre in besonders typischer Weise repräsentiert und weil an ihm noch einmal das Verhältnis von Schicksal und Held verdeutlicht werden kann:

- Der Name des Autors Hemingway verweist auf die Wurzeln der Textsorte ‚Kurzgeschichte' in der amerikanischen Literatur und auf die starken Einflüsse dieser Tradition auch auf die deutsche Kurzgeschichte.
- Auffällig und typisch sind die realistische Darstellungsweise und die karge Sprache, die mehr bedeutet, als die Wörter vordergründig aussagen.
- Der Text enthält wenig ‚action' im Sinne ausgeführter Handlungen, stellt aber dennoch eine spannungsgeladene Situation dar, weil das geplante Killen einen Erwartungsdruck auf die Personen der Kurzgeschichte und den Leser ausübt. Die Spannung entsteht durch die Absicht der beiden Killer, die latente Gewalttätigkeit ihrer Sprache und die Frage, wie die einzelnen Personen auf das Ereignis reagieren. Nicht das Geschehen, sondern das Verhalten der Figuren diesem gegenüber und ihre Beziehung untereinander sind für das Verständnis entscheidend. Das Erzählen tritt zurück zugunsten einer dramatischen Dialogisierung des Handlungsablaufs.
- Hemingways Kurzgeschichte stellt den Einbruch des Fremden, Bedrohlichen, der Gewalt als Verhängnis in die Durchschnittlichkeit und Alltäglichkeit des Lebens von Menschen dar. Gerade darin greift dieser Text ein Grundthema vieler Kurzgeschichten auf.
- Die Kurzgeschichte „Die Killer" knüpft (vgl. Hinweis auf das Kino im Text) an Klischees der crime-story an, wie sie den Schülern aus Filmen und Kriminalromanen bekannt sind, geht aber weit über das Sujet der crime-story hinaus, weil die Story trotz ihres Umfangs letztlich weniger bedeutsam ist, die Reaktionen der Personen, vor allem Nicks, jedoch als das entscheidende Element erscheinen. Dieser letzte Punkt wird auch auf das kritische Leseinteresse der Schüler treffen.

3. Unterrichtsziele

Die Schüler

- zeigen, mit welchen Mitteln der Einbruch des Bedrohlichen und der Gewalt in die Alltäglichkeit des Lebens der drei Personen im Eßlokal dargestellt wird: die schnoddrige, einfache Sprache der „zwei Männer", die aber voller sarkastischer Menschenverachtung (vgl. die verspottenden Wiederholungen) und latenter Gewalt ist; die Beschreibung der Kleidung und des Aussehens der Killer, die Brutalität der Offenheit der Gangster („Wir wollen einen Schweden killen"), die Hilflosigkeit mit der George und Nick auf das Verhalten der „zwei Männer" reagieren („Was habt ihr denn nachher mit uns vor?" „Nichts. Brauch doch deinen Verstand, heller Junge. Was sollen wir schon mit 'nem Nigger machen."), die Darstellung von Brutalität (Fesseln und Knebeln, Bedrohung

durch eine Flinte mit abgesägtem Lauf, Wörter wie ‚killen') als etwas fast Selbstverständliches, als etwas, das sich nicht zu verbergen braucht;
- beschreiben die unterschiedlichen Reaktionen von George, Sam und Nick auf den Vorfall, nachdem die Gangster das Lokal verlassen haben. Sie unterscheiden das ängstliche, angepaßte Verhalten Sams von dem etwas weniger passiven Verhalten von George, der immerhin Nick ermuntert, Ole Andreson zu warnen; sie beurteilen Nicks Bereitschaft, etwas zu tun, als einen in dieser bedrohlichen Situation besonders mutigen Schritt, der für die Durchschnittlichkeit des Ortes ‚Summit' völlig untypisch ist (damit wird Nick zum Helden dieser Kurzgeschichte);
- erkennen, daß Nicks Rettungsversuch an der resignierenden und passiven Haltung des Boxers Ole Andreson scheitert, für die es zwar Erklärungsversuche („Er war wohl in Chicago in irgendwas verwickelt"), letztlich aber keine wirkliche Begründung gibt, so daß Ole Andresons Verhalten als schicksalsgegeben und damit nicht beeinflußbar erscheinen muß;
- verstehen, daß Nick am Schluß des Textes als einzige Person aus den Vorfällen Konsequenzen zieht: „Ich mache, daß ich hier rauskomme." Sie sehen, daß der Text mit Nicks Entscheidung nicht die Frage löst, ob und wie der Gewalt schlechthin begegnet werden kann;
- erkennen, daß die Geschichte von ihrem Aufbau her nur scheinbar eine crimestory ist, in Wirklichkeit den Entscheidungsprozeß von Durchschnittsmenschen in der Konfrontation mit dem Bösen und der Gewalt zeigt.

4. Unterrichtsverlauf und Methode

Der Text wird in einem ersten Unterrichtsschritt bis zu dem Punkt, an dem die Gangster das Eßlokal wieder verlassen, im Unterricht gemeinsam gelesen. Danach wird in einem offenen Gespräch die Bedrohlichkeit der Situation erarbeitet. Die Schüler können dabei genaue Textarbeit üben.

Fragen und Impulse, die das Arbeitsgespräch strukturieren, können sein:
- Was ist an der Kleidung der „zwei Männer" und an ihrem Verhalten bei der Bestellung des Essens auffällig?
- Wie reden sie mit George, Nick und Sam? Was ist deren Reaktion? Welche Bedeutung hat der Ausdruck „heller Junge" im Kontext? In dem Textabschnitt kommen direkte und indirekte Gewalt vor. Zeigt das an Textbeispielen. Werden Gründe und Ursachen für die Gewalt angeführt?
- Macht Euch klar, welche Rolle die Zeit in der Szene im Eßlokal spielt.

Das Gespräch kann in einer Tafelanschrift gegliedert und zusammengefaßt werden:

Tafelanschrift 1

Kleidung der zwei Männer	ihr Aussehen	ihre Sprache und Kommentierung des Erzählers	ihre Handlungen	Zeit
Melone schwarzseidenes Halstuch Handschuhe (mehrmals erwähnt) „wie Zwillinge“ angezogen zu enger Mantel	schmale Lippen Gesicht: klein, weiß	*Sprache der Killer* Stereotypen, z. B. „heller Junge“ Flüche Befehle, Aufforderungen Feststellungen, ohne Erklärungen abzugeben Understatement unterstreicht die Gefährlichkeit der Situation brutale Offenheit *Erzählerkommentar* „wie ein Photograph“ Gruppenaufnahme „wie eine Varieténummer“ Erzähler will scheinbar durch Komik die Situation entschärfen, verstärkt aber tatsächlich die Bedrohung	wirken routinemäßig Bestellung: bestehen zunächst auf Abendessen, für das es noch zu früh ist Al fesselt Nick und Sam in der Küche Max bleibt mit George an der Theke zurück; „beobachtet den Spiegel und die Uhr“ verlassen das Lokal, als der Schwede nicht kommt	Die ständigen Hinweise auf das Vorrücken der Zeit lassen den Leser empfinden, wie die Galgenfrist für Ole Andreson zusammenschmilzt. Als die Killer das Lokal verlassen, wird deutlich, daß sich nun die aktuelle Bedrohung für die Insassen gelöst hat.
führen zu einer Atmosphäre von Gewalt und Bedrohung				

Der zweite Arbeitsschritt kann als Hausarbeit geleistet werden. Wie verhalten sich Sam, Nick und George, nachdem die Gangster das Lokal verlassen haben? Hier kommt es vor allem darauf an, daß die Schüler den Unterschied von Nicks Verhalten auf der einen sowie Sams und Georges Reaktionen auf der anderen Seite erkennen und daß ihnen klar wird, daß Nick – der Struktur vieler Kurzgeschichten entsprechend – zum verhältnismäßigen Helden wird.

Die Besprechung der Szene zwischen Nick und Ole Andreson stellt den dritten Unterrichtsschritt dar. Den Schülern sollte nicht nur die Passivität und Apathie des Schweden deutlich werden, sondern vor allem auch die offensichtliche Schicksalsergebenheit und totale Hoffnungslosigkeit, die das Wesen des ehemaligen Boxers bestimmen. Eine Unterstreichung der vielen „man kann da nichts machen“-Sätze Ole Andresons zeigt den Schülern, daß hier offensichtlich eine für das Verständnis des Textes wichtige Schlüsselstelle vorliegt. Mit der Frage, ob es für Ole Andresons Haltung im Text befriedigende Erklärungen gibt, kann der Lehrer die Schüler darauf lenken, daß Schicksal hier als etwas fast Naturgegebenes, von den Menschen kaum Kontrollierbares gesehen wird.

Mit einer entsprechend leistungsstarken Lerngruppe kann der Lehrer der in unserer Zeit so aktuellen Frage in einem vierten Unterrichtsschritt besonders nachgehen, daß die Anonymität des Schicksals heute oft als Anonymität der Gewalt auftritt. Die Schüler werden gefragt, welche Institutionen sich in unseren Tagen besonders des Instrumentes von Killern (z. B. Terroristengruppe, die Mafia, Geheimdienste) bedienen. Sie untersuchen, ob die Kurzgeschichte Genaueres über die Auftraggeber und die Ursache für den Auftrag mitteilt. Dabei stoßen sie auf die für viele Formen der Gewaltanwendung in einer hochindustriellen Gesellschaft typische Tatsache, daß Grund und Auftraggeber der Gewalt wie in dieser Kurzgeschichte entweder verborgen bleiben oder zwar bekannt, aber nicht greifbar sind. Diesen beklemmenden Sachverhalt können die Schüler sich durch eine Tafelanschrift deutlich vor Augen führen.

Tafelanschrift 2

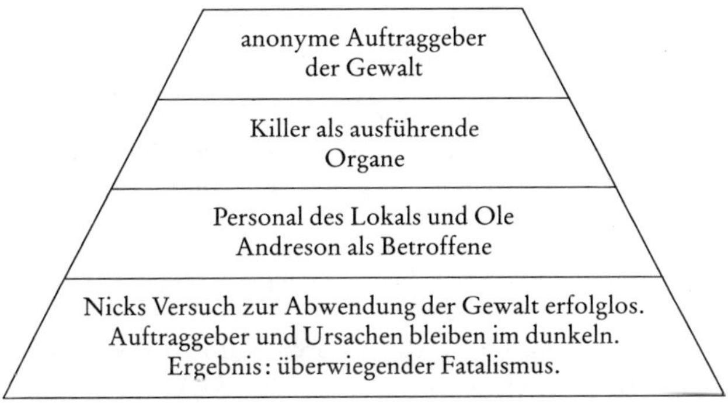

Der Satz „Ich mache, daß ich hier raus komme“ kann im letzten Unterrichtsschritt zur eigentlichen Hauptfigur, zu Nick, überleiten.

Welche Erfahrung hat Nick gemacht, die ihn als einzige Person der Geschichte zu der Entscheidung führt, Summit zu verlassen?

Wie bewertet Ihr seine Entscheidung?

In dem Gespräch sollte den Schülern (vgl. Unterrichtsziele) klarwerden, daß Nick für sich selbst eine Lösung gefunden hat, daß Gewalt und Bedrohung damit grundsätzlich aber nicht in ihrem Wesen erklärt oder gar gemildert werden. Möglich ist auch die abschließende Frage, warum Nick nicht zum strahlenden Helden wird, wie Schüler ihn beispielsweise aus der Trivialliteratur kennen. Bei der Behandlung der Kurzgeschichte „Die Rückkehr“ von Schnurre kann auf diese Frage zurückgegriffen werden. Interessant ist nämlich, daß die Ursachen für das halbe Heldentum Nicks anders als bei Schnurres Durek nicht in der ausweglosen Situation und den zwischenmenschlichen Beziehungen begründet liegen, sondern aus den bei Hemingway nicht sichtbaren Quellen der Gewalt hervorgehen.

Otto Flake Die Versuchung des Richters

1. Interpretation

Handlung: Die Handlung dieser Kurzgeschichte läßt sich auf wenige Punkte reduzieren, da das innere Geschehen, das Nachdenken im Vordergrund steht.

Die Polizei forscht bei einem Richter nach, ob er von einer früheren Hausangestellten bestohlen worden sei. Der Richter ist sich schnell darüber im klaren, daß der Verdacht zutrifft.

Am Abend sinnt er über einen scheinbar unmotivierten Diebstahl eines Porzellanfigürchens nach, den er selbst in seiner Jugend begangen hat. In seinem Tagebuch findet er keine befriedigende Erklärung des damaligen Delikts, das als triebhafter Reflex erscheint.

Die scheinbare Sinnlosigkeit des eigenen Diebstahls hat aber nachhaltige Besinnung bei ihm ausgelöst. Er wurde ein berühmter Rechtsphilosoph, „der kein absolutes, starres Recht kannte“.

Der Schluß zeigt, wie der Richter mit der Tatsache, daß er nun selber bestohlen worden ist, fertig wird. Sie könnte zu einer Klage gegen die Hausangestellte führen, entgegen allen Überlegungen, die er gegen die Sinnlosigkeit des Strafens angestellt hat. Der Richter widersteht dieser Versuchung, indem er der von seiner ehemaligen Hausangestellten Bestohlenen den Schaden ersetzt. Danach führt er ein Gespräch mit der jungen Diebin, um ihr eine Chance zu geben. Es bleibt offen, ob diese die Chance nutzt.

Aufbau: Die Kurzgeschichte hat einen klaren Aufbau: Der erste Teil stellt den begründeten Verdacht von Polizei, Tochter und Richter gegen die ehemalige Hausangestellte und deren vorläufigen Schutz vor Bestrafung dar. – Der große Mittelteil ist zweifach untergliedert. Im ersten Handlungsabschnitt vergewissert sich der Richter über die Umstände seines triebhaften Jugenddiebstahls. Er endet mit der Entscheidung, die Motive dieser scheinbar sinnlosen Handlung zu ergründen. Der zweite Abschnitt des Mittelteils besteht aus Nachdenken. Die Tat hat sein ganzes Leben bestimmt und ihn zu Erkenntnissen über Grenzen des „starren" Rechts geführt. – Der Schlußteil weist wiederum zwei Abschnitte auf. Der erste berichtet über sein erfolgreiches Bemühen, die Klage gegen seine ehemalige Angestellte niederzuschlagen. Der zweite informiert darüber, daß er der Diebin, die ihn vor eine schwierige Entscheidung gestellt hat, eine Chance gibt. Die Kurzgeschichte endet mit einer sentenzartig formulierten Erkenntnis: „Es wurde so viel gestraft, ein Mechanismus lief ab, und es änderte sich nichts."

Thema und Motiv: Das Thema kommt klar in der Überschrift zum Ausdruck. Das Motiv ist die Bewährung eines Mannes in einer Entscheidungssituation. Wie alle wichtigen Entscheidungen ist diese von der Entwicklung dessen abhängig, der sich entscheiden muß: Die erste Station ist der eigene irrationale Diebstahl; die zweite eine Erklärung, die der Richter darauf seiner Verlobten abgeben muß. Sie ist vordergründig und beschwichtigend. Die dritte Station ist ein Leben nach der sinnlosen Tat. Sie führt zu theoretischen Reflexionen über den Sinn des Rechts. Die vierte Station ist die eigentliche Entscheidung: Seine theoretischen Erkenntnisse müssen sich in der Praxis bewähren, als er selber bestohlen wird.

Typische Merkmale der Textsorte:

- der unvermittelte Anfang („Es schellte") und die umstandslose Konfrontation mit dem Diebstahl;
- das Heranholen des für die Handlung Notwendigen durch Rückblende;
- die Verlegung eines wesentlichen Handlungsteils in die Reflexion („Der Richter schloß das vergilbte Heft und sann den Wirkungen nach.");
- die Bewährung in einer Entscheidungssituation, die häufig in dieser Textsorte auftritt;
- der offene Schluß. Man weiß nicht, ob das junge Mädchen seine Chance nutzt.

2. Unterrichtszusammenhang und didaktische Analyse

Diese Kurzgeschichte knüpft wieder beim Kriterium des aktiven Verhaltens an, das von Anna Seghers thematisiert wurde. Das Kriterium liegt jetzt jedoch auf der *Entscheidung*, die weniger durch eine schicksalhafte Situation beeinflußt wird, als vielmehr durch das schuldhafte Verhalten des Helden in seiner Vergangenheit.

Für die Auswahl dieser Kurzgeschichte spricht, daß sie einige typische Merkmale der Textsorte enthält (s. Interpretation). Da Kurzgeschichten häufig einen Ausschnitt aus der Wirklichkeit in Fiktion umsetzen und wesentliche Handlungsteile in die Reflexion verlegen, liegt es nahe, den Helden in einer Entscheidungssituation darzustellen. Dieses Kriterium ist besonders typisch für die Textsorte und deshalb sorgfältig herauszuarbeiten.

Auch ein entwicklungspsychologischer Gesichtspunkt rechtfertigt die Behandlung dieser Kurzgeschichte. Durch das reichhaltige und zum Zugreifen verlokkende Warenangebot der Konsumgesellschaft werden Jugendliche leicht zum

Diebstahl verleitet. Diese Kurzgeschichte bietet die Möglichkeit, über die Ursachen von Eigentumsdelikten und die Probleme von Strafe und Bewährung nachzudenken.

3. Unterrichtsziele

Die Schüler
- ermitteln die Struktur der Kurzgeschichte;
- unterscheiden äußere und innere Handlung;
- erkennen die Bedeutung der inneren Handlung für die Entscheidungsfindung;
- erarbeiten die Technik der Rückblende mit Hilfe des Tagebuches;
- denken über die Gründe des Wechsels zwischen personaler Erzählhaltung und Ich-Erzählung nach;
- stellen den Unterschied zwischen Thema und Motiv fest;
- entdecken die Komponenten der Spannung.

4. Unterrichtsverlauf und Methode

Der Einstieg bei dem motivnahen Thema ist günstig. Der Richter hat zwei Versuchungen zu bestehen. Der ersten in seiner Jugend unterliegt er, der zweiten, voreilig zu bestrafen, widersteht er.

Einen Überblick über die Handlung verschafft der klar gegliederte Aufbau (s. Interpretation). Der nächste Schritt ist die Unterscheidung zwischen äußerer und innerer Handlung mit dem Ergebnis, daß der inneren Handlung hohe Bedeutung zukommt. Die innere Handlung beginnt mit dem Tagebuch und endet vor der Zeitangabe: „Am nächsten Morgen...". Bei der Analyse der inneren Handlung kann die Technik der Rückblende und des Perspektivenwechsels in der Erzählhaltung einbezogen werden (personale Erzählhaltung – Ich-Erzählung – personale Erzählhaltung). Das Motiv der Bewährung in einer Entscheidungssituation steckt in der inneren Handlung. Die Frage, wodurch die Kurzgeschichte ihre Spannungsmomente bezieht, verweist auf
- den unvermittelten Anfang („Es schellte");
- die Rückblende im Mittelteil, die selber einen Diebstahl enthält;
- die Bewährung (Wie wird der Richter seine eigenen Erfahrungen verarbeiten?);
- den offenen Schluß (Wie wird die junge Diebin ihre Chance nutzen?).

Die Stunde sollte mit einer Diskussion über die Aktualität der Kurzgeschichte schließen: Könnt Ihr dem Schlußsatz zustimmen?

5. Tafelanschrift

Die Handlungs- und Erzählstruktur läßt sich in einem Tafelbild erfassen.

personale Erzähl-haltung	Rückblende mit Tagebuch Wechsel der Erzählhaltung: Ich-Erzählung	personale Erzählhal-tung
äußere Handlung	innere Handlung	äußere Handlung
Richter und Tochter sind bestohlen worden	Entscheidungsvorbereitung Richter verarbeitet seine Vergangenheit	Entscheidung Richter gibt Diebin eine Chance

6. Hausaufgabe

Schriftliche Erörterung: Gebt Beispiele dafür, daß die Schlußaussage der Kurzgeschichte im Strafrecht berücksichtigt werden sollte. In welchen Fällen darf sie nicht gelten und warum?

Wolfdietrich Schnurre Die Rückkehr

1. Interpretation

Das *Thema* der Kurzgeschichte ist die Rückkehr, jedoch nicht die zunächst beabsichtigte Rückkehr in die Heimat und Freiheit, sondern die an den Ausgangspunkt der Flucht des Stärkeren, Durek, vor dem Schwächeren, Kurella.

Das *Motiv* ist Flucht in doppeltem Sinne. Zum einen handelt es sich vordergründig um die Flucht zweier Landser aus einem russischen Kriegsgefangenenlager, zum anderen geht es um das eigentliche Motiv, um die Flucht auf der Flucht. Der robustere Durek flieht vor der physischen und teilweise auch charakterlichen Schwäche seines Kameraden Kurella, der sich auf der Flucht in die Freiheit als „Hemmschuh“ erweist. Da er sich aber für seinen erschöpften Kameraden verantwortlich fühlt und ihn schließlich dennoch hilflos in der Steppe zurückläßt, flieht Durek vor seinen eigenen Gewissensbissen. „Er rannte wie wahnsinnig ... daß sie sich nicht abschütteln ließ“ (seine Schlechtigkeit, E. M.). Das Motiv der Flucht vor dem eigenen Gewissen begleitet von Anfang an das vordergründige Motiv der Flucht aus dem Gefangenenlager. Es wird zum entscheidenden *Konflikt* der Kurzgeschichte und nach dessen Lösung, als Durek sich entscheidet, zu dem verlassenen Kurella zurückzukehren, zum Thema der Rückkehr.

Durch die *personale Erzählperspektive* der *Er-Erzählung* wird Durek zum Helden der Kurzgeschichte, dessen inneren Konflikt der Leser in dramatischer Steigerung miterleben kann.

Die *Spannungskurve* des Konflikts beginnt mit der Einsicht Dureks, daß „der Hund Kurella" nur im „Rudel" der Mitgefangenen etwas tauge. Durek kann seinen Fluchtgefährten Kurella aber nicht verlassen; denn „Er, Durek, hatte ihn aus dem Käfig gelockt in die Freiheit und war jetzt verantwortlich für ihn". Dann beginnt Durek seinen Leidensgefährten zu hassen und sucht nach Gründen, ihn abzustoßen. „In dieser Nacht ertappte sich Durek zum ersten Mal dabei, daß er sich einzureden versuchte, einen Mörder zum Gefährten zu haben." Doch er, der Stärkere, kämpft gegen diese Versuchung an, indem er sich selbstlos gegenüber dem Schwächeren verhält. Seine Aufopferung geht so weit, daß er seinen Abscheu vor Kurella in sich verschließt. „... er log lieber. Er war feige, feige aus Anständigkeit." Doch die Gedanken über die Nichtswürdigkeit des anderen lassen sich nicht verdrängen. Unter ihrem Druck wird Durek fast schizophren. „Er hat eine Mutter, dachte Durek. Und ich habe ihn mitgelotst. Ein Mörder. Ein Mörder aus Angst, sagten seine Gedanken. Ein haltloses Nichts. Eine Null."

Als sich endlich der Selbsterhaltungstrieb durchsetzt, läßt Durek den ausgezehrten Kurella im Stich. Doch die Gewissensbisse Dureks sind so stark, daß Kurella ihm in seinen durch Erschöpfung bedingten Halluzinationen gefolgt ist und ihn zur Umkehr/Rückkehr zwingt. Mit dem Entschluß zur Rückkehr kann Durek wieder klare Gedanken fassen. „Ich war wahnsinnig, dachte er ... Leute holen, die ihm helfen." Die Kurzgeschichte endet tragisch, obwohl der halbe Held zum echten Helden wird. Unter äußersten Anstrengungen hat Durek seinen Kameraden fast erreicht. Sie sterben nur etwa einen halben Kilometer voneinander entfernt.

Das *Psychodrama* dieser Kurzgeschichte läuft vor einer Landschaftsschilderung ab, die nur mit wenigen knappen Strichen skizziert wird und gleichsam das Bühnenbild zu der äußeren und inneren Handlung darstellt. Insbesondere die Schilderung der Lichtverhältnisse trägt zur Dramatisierung des Geschehens bei: „Dann gingen sie los; aus den Knüppelkiefern heraus und in den brennenden Himmel hinein." – „Als Kurella sich umdrehte, war schon die Nacht hinter ihnen her, und der Mond kam angerollt." – „Bald war der Mond nur noch ein winzig goldenes Fettauge in der Sternbrühe des Himmels." – „... die graudiesige Milchsuppe des Himmels hatte ihn genarrt."

Daß Schnurre in dieser Landser-Kurzgeschichte teilweise die Umgangssprache wählt, paßt zu dem Milieu. Auffällig ist die Tiermetaphorik, die der Autor einerseits verwendet, um die Würdelosigkeit des schwachen Kurella hervorzuheben, und andererseits einsetzt, um die Qual der Gewissensbisse des Durek herauszustellen. „Kurella stand neben ihm, in seinem, in Dureks Mantel, und der dürre Hals reckte sich wie der eines Geiers aus dem Kragen. Er beugte sich über Durek. Er krächzte: Du feiges Schwein ..."

Diese Interpretation akzentuiert die Wandlung des Durek vom halben zum echten Helden. Stattdessen wäre es auch möglich, einen Schwerpunkt auf den Kampf Dureks gegen das übermächtige Schicksal zu legen. Er muß mit den Härten der Fluchtsituation und mit den unerwarteten Schwächen seines Kameraden fertig werden, scheitert dann aber doch kurz vor dem Ziel der Rückkehr tragisch.

2. Unterrichtszusammenhang und didaktische Analyse

Die Kurzgeschichte von Flake zeigt einen Helden mit Schwächen. So ist es konsequent, jetzt die Figur des Helden, und zwar des für Kurzgeschichten typischen gebrochenen, des halben Helden, in den Mittelpunkt zu rücken.

Auf den ersten Blick scheint Durek ein Held zu sein, wie Schüler ihn aus der Trivialliteratur kennen. Später wird er durch seine Gewissensbisse zum typischen gebrochenen Helden der Kurzgeschichte. Durch die Entscheidung jedoch, in erschöpftem Zustand seinen Kameraden doch noch zu retten, wird Durek ein echter Held. Diese qualvolle Wandlung macht Schülern deutlich, daß Helden nicht einfach geboren werden.

3. Unterrichtsziele

Die Schüler

- prüfen, worauf sich das Thema ‚Rückkehr' bezieht;
- erkennen die Doppeldeutigkeit des Motivs ‚Flucht';
- arbeiten den Zusammenhang zwischen Motiv, Konflikt und Thema heraus;
- vollziehen die Spannungskurve des Konflikts nach;
- begreifen, daß die personale Erzählperspektive das Verhalten Dureks in den Blickpunkt rückt;
- ermitteln, welche Funktion die Landschaftsschilderung in dieser Kurzgeschichte hat;
- denken darüber nach, wie sich die Tiermetaphorik in diese Kurzgeschichte fügt.

4. Unterrichtsverlauf und Methode

Die Schüler erzählen ihnen bekannte Fluchtgeschichten nach dem Schema: Einer kam durch. Auf diesem trivialen Hintergrund kann deutlich werden, daß die Kurzgeschichte ihren Schwerpunkt auf den inneren Konflikt Dureks legt. – Vergewisserung über die Handlung: Was ist eigentlich passiert? Was hindert Durek daran, seinen Fluchtgefährten zu verlassen? Wieso läßt er ihn schließlich doch im Stich? Was bewirkt seine Umkehr/Rückkehr? – Gründliche Erörterung des Endes: Paßt die Überschrift zu der mißglückten Flucht? In welchem Sinne ist das Ende tragisch? – Unterscheidung von Thema und Motiv. Die Flucht (Motiv) bringt die äußere und innere Handlung in Bewegung und mündet in das Thema der Rückkehr zum Ausgangspunkt. – Frage nach der Erzählperspektive: Wodurch rückt Durek in den Mittelpunkt des Interesses? (Personale Erzählperspektive) Was muß der Erzähler tun, damit der Leser weiß, was wirklich in Durek vor sich geht? Sammlung von Textbeispielen, die Gedanken und Gefühle des Durek mitteilen. (Einführung des Begriffs ‚Erlebte Rede'.) – Das Theater hat eine Kulisse und Beleuchtung. Wodurch werden sie in dieser Kurzgeschichte ersetzt? (s. Interpretation) – Sammeln der Tier-Metaphern/Vergleiche. Was bringt Durek dazu, seinen Gefährten Kurella mit Tieren zu vergleichen?

5. Tafelanschrift

1. Spannungskurve des Konflikts

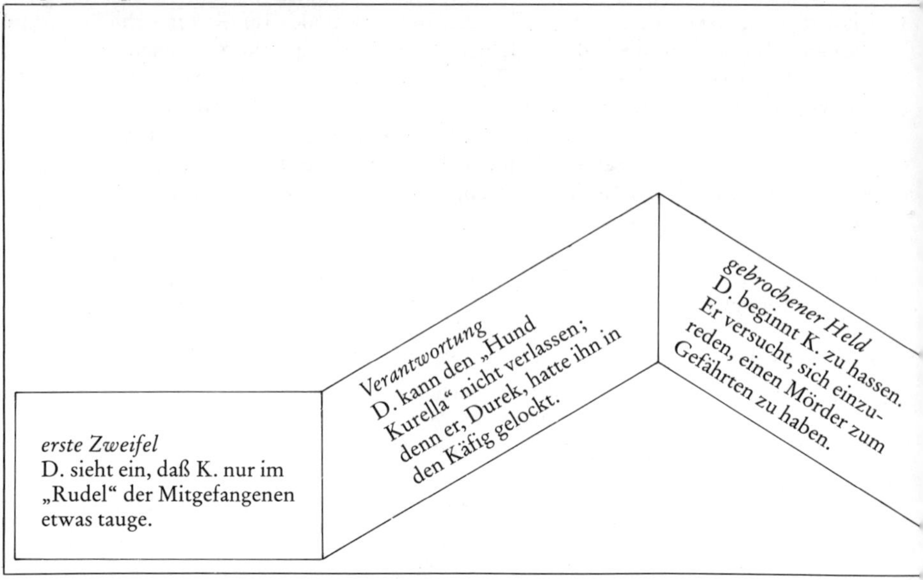

2. Anfang einer Tabelle über Erzählperspektiven,
die anhand weiterer Kurzgeschichten ergänzt werden soll.

Erzählperspektive	Art der Erzählung	Verhalten des Erzählers
personal	Er-Erzählung	Bericht des Erzählers konzentriert sich auf eine Person, aus deren Sicht das Geschehen erzählt wird.
Erlebte Rede	keine wörtliche Rede; 3. Person, Indikativ Präteritum	Wiedergabe von Gedanken und Gefühlen einer Person: der Erzähler schlüpft in die Person, bleibt aber als Erzähler erkennbar.
...	...	...

6. Hausaufgabe

Wählt Euch einen Handlungsabschnitt dieser Kurzgeschichte aus und erzählt ihn aus der Sicht Kurellas. Versucht dabei, die Gedanken und Gefühle Kurellas so wiederzugeben, wie Schnurre die Gedanken und Gefühle Dureks dargestellt hat.

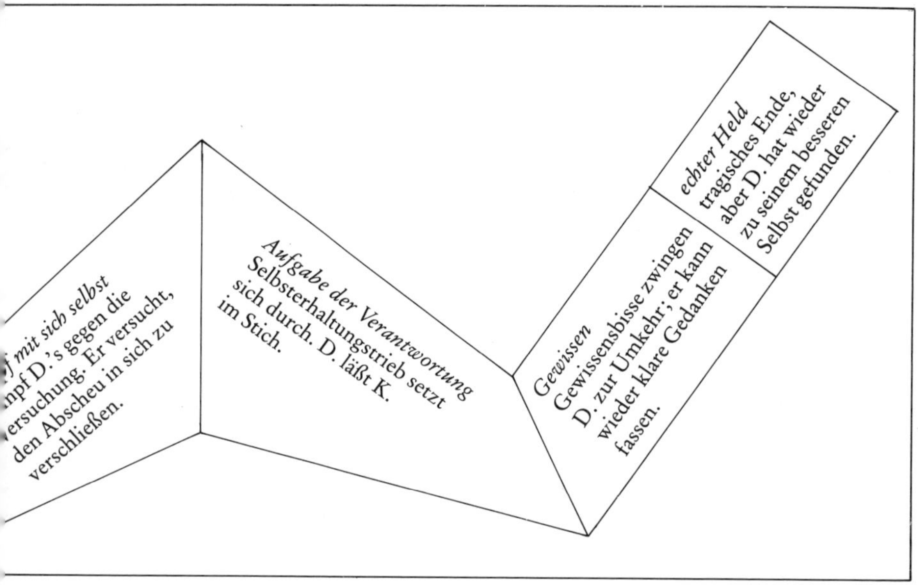

Friedrich Hebbel Die Kuh

1. Interpretation

Textsorte: Wenn man nach ersten Ansätzen der Kurzgeschichte in Deutschland sucht, stößt man in verschiedenen Beiträgen zur Kurzgeschichte auf „Die Kuh" von Friedrich Hebbel, so z. B. bei Doderer[1], der sie einem Typus der Kurzgeschichte zuweist, den er als „Handlungstyp" bezeichnet. Er ermittelt den Begriff durch die Feststellung, daß der Held zwei Möglichkeiten habe, auf den in einer Kurzgeschichte dargestellten Schicksalsschlag zu reagieren: „Entweder er rafft sich auf und versucht, gegen das Schicksal anzurennen (aktives Verhalten), oder er unterwirft sich dem Geschehen (passives Verhalten). Wir unterscheiden nach diesen Gesichtspunkten zwischen dem Handlungs-Typ und dem Haltungs-Typ."[2] Wir stellen die Frage zurück, ob Doderer diese Kurzgeschichte einem richtigen Begriff von Handlungstyp zugeordnet hat, und greifen zunächst die wichtige

1 Klaus Doderer: Die Kurzgeschichte in Deutschland. Darmstadt: Wissenschaftliche Buchgesellschaft [6]1980, S. 44
2 ders., S. 44

Frage auf, ob diese kurze Geschichte, die in Gerhard Frickes Ausgabe von Hebbels Werken unter Erzählungen abgedruckt ist und die auch als Novelle bezeichnet wird, Elemente genug enthält, sie als Vorläufer der Kurzgeschichte anzusehen. Da wäre zunächst die „Schicksalsverkettung" zu nennen, die – und dies hat Doderer richtig gesehen – ohne rechten Helden durch die „handlungsauslösende Tat" eines Knäbleins mit ungeheurer Wucht über einen armen Bauern und dessen Familie hereinbricht.

Betrachtet man indes eine geschlossene Komposition mit einliniger Handlung und deutlichem Anfang und Ende als wesentliches Kriterium einer Erzählung, so hätte Fricke dieses kurze Stück Prosa angemessen eingeordnet. Aber bei näherem Hinsehen erweist sich, daß dieses nur scheinbar ein geschlossenes Ende aufweist. Die gesamte Geschichte und insbesondere der Schluß, der die Steigerung einer Tragödie im umgangssprachlichen Sinne darstellt, läßt den Leser nämlich ratlos zurück. Er wird sich die offene Frage nach dem Sinn des schicksalhaften Geschehens stellen, und dazu gibt ihm die Erzählung keinerlei Hinweis. Diese Offenheit gegenüber der Sinnfrage am Ende ist auch typisch für zahlreiche Kurzgeschichten der Nachkriegszeit.

Aber haben wir es nicht doch mit einer Novelle zu tun? Für diese Zuweisung scheint uns die Geschichte wiederum zu kurz zu sein; sie entspricht auch nicht den klassischen Definitionen dieser Kunstform, insofern sie sich auf einen sehr geringen Zeitraum, einen Handlungsausschnitt, konzentriert, sich auf einen Charakter beschränkt, der keiner Entwicklung unterliegt, ganz streng auf einen Handlungsort orientiert ist. Es fehlt der berühmte „einzige Konflikt", von dem Goethe in seiner bekannten Novellen-Definition gesprochen hat. Bildlich gesprochen brennt eine tragische Handlung auf und läßt nach rasantem Flackern sinnlose Asche zurück. Vor allem diese modern anmutende Sinnlosigkeit ist es, weshalb wir uns gegen die Bezeichung ‚Novelle' wenden. Eines aber läßt diese Zuordnung doch nicht als so falsch erscheinen: die unerhörte Begebenheit der tragischen Vernichtung.

Wir konnten das Problem der literarischen Textsorte hier nur anreißen. Stellen wir so viel fest: Es handelt sich um eine kurze Geschichte mit einer unerhörten Begebenheit, die in schnellen Reaktionen abläuft.

Der Aufbau: Scheinbar hat diese ohne Absätze niedergeschriebene Kurzgeschichte, dem jähen Tempo der Geschehnisse folgend, keinen sorgfältig überdachten Aufbau. Doch der Schein trügt. Der Text beginnt mit einer Idylle: Ein Bauer sitzt mit seinem Knäblein am Sonntag in seiner Wohnstube und zählt sein sauer verdientes Geld. Er hat es endlich so weit gebracht, sich eine Kuh kaufen zu können. Er meint selber, daß dieser Kauf noch gedauert haben würde, „wenn das Glück mich nicht begünstigt hätte." Bis zu diesem Zitat reicht der positive Einstieg. Aber die Idylle ist nicht völlig harmonisch. Beim Anblick eines zusammengeklebten Geldscheins, den der äußerst arbeitsame und sparsame Bauer betrachtet, meint er: „...ärgert mich jedesmal, wenn ich ihn ansehe, ich werde den Verdruß nicht los." Aus dem Überblick über die gesamte Kurzgeschichte mag man auch die Rede des Landwirts von „dem Riß" und von „dem großen Tintenfleck" auf zwei anderen Geldscheinen als Zeichen darauf verstehen, daß beschädigtes Geld die Idylle stört, wenngleich der Bauer sich dessen selbst nicht bewußt ist.

Der zweite Teil der Geschichte reicht bis zu der Textstelle: „...sagte Andreas und ging hinaus". Hier werden für den sensiblen Leser, nicht für das Bewußtsein der Hauptfigur, die Anspielungen auf ein unheilvolles Ende deutlicher: Der Bauer erinnert sich an den beabsichtigten Selbstmord eines armen Teufels, an seine Rettungsprämie, obwohl der Todesbesessene sich gegen seine Rettung sträubte. Als ein brennendes Zeitungsblatt zu Boden fällt, mit dem der Bauer seine Pfeife angezündet hatte, mahnt er sein Knäblein: „Brenn dich nicht", bevor er kurz vor die Tür geht. Das Geld, inzwischen ist von „Profit" die Rede, rückt in dem Kontext von Selbstmord und Betrug in einen makabren Zusammenhang.

In einem dritten kurzen Teil: „Es war wieder völlig finster geworden..." bis zu der Absicht des Andreas, das Kind zu Bett zu bringen, erinnert sich der Leser beim Überblick über den gesamten Text an die Regieanweisungen einer Tragödie: „...der qualmige Nebel, der den Tag über die Sonne verhüllt hatte, verhüllt jetzt die Sterne." Von kleinlichem Handel, „Groschen abzwacken", ist wieder die Rede. Kennt man den jetzt folgenden Ablauf der Handlung, so wirkt das „Glück zu" wie Hohn.

Der vierte umfangreichste Teil: „Andreas ging wieder hinaus" reicht ohne Zäsur bis ans Ende, weil sich die Ereignisse überstürzen. Das Knäblein hat in nachahmendem Spieltrieb das sauer verdiente Geld verbrannt, der Vater „seiner selbst nicht mächtig" schleudert sein Kind „ingrimmig gegen die Wand", das „mit verspritztem Gehirn am Boden liegt"; in „einem plötzlichen Entschluß" erhängt sich der Vater auf dem Dachstuhl. „Fast in demselben Augenblick" wird die zurückgekehrte Mutter beim Anblick des getöteten Kindes ohnmächtig, das seinen Herrn besinnungslos suchende Knechtlein fällt beim Anblick seines erhängten Wirtes zu Tode. Dabei entfällt ihm ein Talglicht, das das Haus in Flammen setzt. Die Bäuerin kommt bewußtlos oder verzweifelt in den Flammen um. Neben den „verschrumpften Gerippen" von ihr, des Bauern, des Knechtleins und des Knäbleins findet man die Überreste einer Kuh, die „dem diesen armen Tieren angeborenen unseligen Trieb folgend, ins Feuer hineingelaufen und verbrannt ist".

Das Thema und das Motiv: Die Kuh erscheint als Thema dieser menschlichen Tragödie. Sie war das ersehnte Ziel des sparsamen Bauern, und von ihr spricht der Erzähler mitleidend am Ende. Auffällig ist, daß der tragische Tod der Menschen ohne ausdrückliches Mitempfinden des Autors nur berichtet wird. Hat er also die Geschichte hauptsächlich dieser nur ihren Trieben folgenden armen Kreatur wegen erzählt? Uns scheint, daß es sich hier um einen erzählerischen Kunstgriff handelt. Die sinnlose Vernichtung der Menschen tritt umso greller ins Licht, je mehr der Erzähler sich eines mitleidenden Kommentars enthält. Die Menschen in diesem Text sind wie die Kuh nur Getriebene, nicht bewußt Handelnde. Das Knäblein verbrennt das Geld im Spieltrieb, der Bauer bringt das Kind „seiner selbst nicht mächtig" um, der Selbstmord des Bauern erfolgt in *plötzlichem* Entschluß, die Bäurin wird ohnmächtig, das Knechtlein „rennt im ganzen Hause wie toll umher" und bricht sich mit „unartikuliertem Laut" das Genick. Ob die Bäurin „aus Verzweiflung über das fürchterliche Ende ihres Kindes" ihre Rettung verworfen hat, „hat sich nicht ermitteln lassen". Zusammengefaßt: Auch die Menschen sind nicht mehr Herr ihrer Sinne. Damit kommen wir zum Motiv: In schicksalhaften Situationen wie dieser unterscheiden sie sich als Vernunftwesen nicht von einer Kreatur, der Kuh.

Die unerhörte Begebenheit: Wir greifen die zurückgestellte Frage auf, ob Doderer diese Kurzgeschichte zu Recht für den Handlungstyp reklamiert hat. Unseres Erachtens widerspricht er sich mit dieser Bezeichnung für dieses Beispiel selbst: „Denn der Bauer und Fuhrmann Andreas steht zwar in der Mitte, er kann aber keinen echten Mittelpunkt bilden, da die eigentliche, handlungsauslösende Tat – nämlich das Verbrennen des ersparten Geldes – von seinem kleinen Sohn ausgeführt wird, ebenso wie er die Tragödie der Vernichtung nur ein Stück bis zu seinem Selbstmord begleitet. So ist eigentlich hier der Mensch nicht handelndes, sondern ausführendes Organ."[1]

In dem Crescendo von Reaktionen kann man auch den „plötzlichen Entschluß" des Bauern zum Selbstmord nur als triebhafte Ausführung bezeichnen. „‚Mehr!' sagte er dann, ‚noch mehr, viel mehr', und riß den am Ofengestell hängenden neuen Strick herunter ... und er griff um sich herum in die Luft, wie nach einem Gegenstand, an dem er sich halten könne." Dies erinnert an das blindwütige Handeln des Woyzeck in der Mordszene. Formal gesehen ist es Handeln, inhaltlich Getriebensein unter dem Druck eines Schicksals, eines Verhängnisses. Nach Doderers Definition des Haltungstyps unterwirft sich der Bauer aber auch nicht in passivem Verhalten dem Schicksal, so daß uns hier weder der Begriff Handlungstyp noch die Bezeichnung Haltungstyp brauchbar erscheinen. Die unerhörte Begebenheit, die Wucht, mit der das Schicksal über die Menschen und das Tier hereinbricht, sie zu Reagierenden ohne jede Vernunft macht, ist unseres Erachtens das Entscheidende. Am Ende steht Fassungslosigkeit gegenüber der sinnlosen Vernichtung.

Erzählperspektive: In dem ersten scheinbar idyllischen Teil haben wir es mit einem auktorialen Erzähler zu tun, der zwischen Außensicht auf die Szenerie und Innensicht, beginnend mit der wörtlichen Rede des Andreas, wechselt.

Der zweite Teil: „Haha! Das war ein Fischfang..." setzt die wörtliche Rede fort, die jetzt wie ein innerer Monolog wirkt, weil die Verba dicendi fehlen. Innensicht, von kurzen Momenten der Außensicht unterbrochen, vermittelt dem Leser einen gründlichen Einblick in Gedanken und Gefühle des Andreas.

Im dritten Teil folgt eine kurze Regieanweisung in Außensicht auf die Finsternis der Situation, dann folgt der Leser wieder in Innensicht den Gedanken des Bauern.

Im vierten Teil, in dem das Verhängnis seinen Lauf nimmt, dominiert die Außensicht. Die Wiedergabe der rasch erzählten Ereignisse drängt den Erzähler zurück.

Erst im Schlußteil: „Ob Geesche, als dies alles geschah, aus ihrer Bewußtlosigkeit..." bringt sich der Erzähler wieder in Erinnerung. Die Allwissenheit des Anfangs erscheint aber durch die tragischen Ereignisse gebrochen, sein Wissen ist lückenhaft: „...hat sich nicht ermitteln lassen." Nur zu dem angeborenen unseligen Triebe der Kuh wagt er eine Feststellung. Die menschliche Tragödie wird nicht reflektiert. Angesichts der Sinnlosigkeit verzichtet der Erzähler auf falsche Souveränität. Diese moderne Erzählhaltung ist der Kurzgeschichte eigen.

1 Doderer, a. a. O., S. 44

2. Unterrichtszusammenhang und didaktische Analyse

Die Kurzgeschichte von Hebbel hätte unter dem Gesichtspunkt von ‚Schicksal und Held' auch anders angeordnet werden können, nämlich vor oder hinter „Die Killer". Uns erschien aber diese Zuordnung aus zwei Gründen nicht so günstig wie die vorliegende:

a) Das, was Doderer mit Handlungstyp oder Haltungstyp bezeichnet, ist mit den Kurzgeschichten von Seghers und Hemingway ausreichend belegt.
b) Neben der Schicksalhaftigkeit des Geschehens in „Die Kuh" ist uns die Verkettung unerhörter Ereignisse in dieser Kurzgeschichte ebenso wichtig. Unter diesem Aspekt haben wir sie mit „Blekboint" von Max Maetz verbunden.

Gibt es außer dem nicht für alle Schüler wichtigen Befund, daß es sich bei diesem Text um einen Vorläufer der Kurzgeschichte handelt, eine gute didaktische Begründung dafür, ihn Schülern eines 9. und 10. Schuljahres vorzulegen? Was die oberflächliche Motivation der Schüler betrifft, müßte der Lehrer nicht zurückhaltend sein; denn der rasche Handlungsablauf, weder durch Reflexionen der Figuren noch wesentlich durch den Erzähler unterbrochen, ist spannend. Selbstverständlich kann darin allein aber die didaktische Rechtfertigung nicht liegen.

Alle guten Kurzgeschichten machen den Leser nachdenklich. Aber selten provoziert ein Text so sehr die Frage nach dem Sinn wie dieser mit der Sinnlosigkeit des Geschehens, insbesondere an seinem Ende. Aber sollte man junge Menschen mit einem so grausigen Handlungsablauf konfrontieren? Wir meinen, dies sei legitim im Kontext mit anderen offenkundig auf positive Lebensbewältigung angelegten Kurzgeschichten unserer Sammlung und gerechtfertigt, wenn die Grausamkeit des Geschehens auf ihre innere Begründung überdacht wird. So wäre beispielsweise für Hebbel eine moralisierende Kommentierung des Handlungsablaufs in Anbetracht von des Bauern bitterer Not unmöglich gewesen, etwa in der Richtung, daß der Bauer zu sehr am Gelde hing. Wir meinen, man sollte die schockierende Wirkung der Geschichte durch nichts beschönigen und eher darüber nachdenken lassen, welche Kompensationsmomente dem Leser erst gar nicht von Hebbel angeboten werden (konnten):

- Die Frage nach der Schuld – nicht juristisch verstanden – geht angesichts des erbarmungslosen Schicksals ins Leere.
- Der Trost einer religiösen Auslegung liegt fern.
- Auch Kritik an den ökonomischen Verhältnissen scheint Hebbel – sehen wir einmal von dem Hinweis auf den „Profit" ab – nicht im Auge gehabt zu haben.

Vielmehr scheint der Autor selber gegenüber den unerhörten Ereignissen ratlos zu sein. Das letzte ist es, was unseres Erachtens diese Geschichte auch für Schüler so faszinierend macht, die Ehrlichkeit, die nicht nach falschem Trost oder billigen Erklärungen sucht. Diese Ehrlichkeit hebt sie wohltuend gegen die Harmonisierungsversuche von Trivialliteratur und trivialen Fernsehsendungen ab und sollte unseres Erachtens schon auf dieser Altersstufe als Gegenbeispiel zu der bekannten Evasionsliteratur vorgestellt werden.

Dann aber sollte die Aufmerksamkeit der Schüler auf die meisterliche Erzählweise im weitesten Sinne gelenkt werden:

- auf den Aufbau, der die Rasanz des Geschehens sich entfalten läßt,

- über das Thema auf das Motiv, das menschliche Ohnmacht gegenüber dem Schicksal zeigt,
- auf die Verkettung der unerhörten Ereignisse
- und schließlich auf die Textsorte mit der Zielsetzung, daß es nicht darauf ankommt, sie in reiner Form anzubieten, daß gerade diese Mischform zwischen Erzählung, Novelle und Kurzgeschichte reizvoll ist (s. Interpretation, S. 23 f.).

Je nach Entwicklung und Vorkenntnissen der Lerngruppe, die sie aus den vorausgegangenen Kurzgeschichten gewonnen hat, kann man erarbeiten lassen, weshalb dieser Text vielen Interpreten als Vorläufer moderner Kurzgeschichten erschien.

3. Unterrichtsziele

Die Schüler sollen
- den Aufbau des Texts ermitteln;
- die Verbindung zwischen dem Erzähltempo (keine Absätze) und den sich überstürzenden Ereignissen sehen;
- entdecken, daß die Idylle des Anfangs schon Risse aufweist;
- begründen, weshalb in dem Text nicht von Handlung, sondern nur von Reaktionen die Rede sein kann;
- daraus ableiten, daß die Geschichte eigentlich keinen Helden hat;
- begreifen, wodurch das Unerhörte in das Geschehen einbricht und eine Kette von unerhörten Ereignissen entsteht;
- erkennen, daß das Thema „Die Kuh" den äußeren Anstoß für die unerhörte Kindestötung darstellt und mit welcher Kommentierung es am Ende wieder aufgenommen wird;
- ausgehend vom Thema erschließen, daß die Menschen ebenso wie das Tier ihren Trieben folgen, also entdecken, daß bloße Reaktionen unter dem Diktat des Schicksals das Motiv sind;
- erarbeiten, daß der Text zwischen Erzählung, Novelle und Kurzgeschichte liegt, aber schon Elemente der modernen Kurzgeschichte enthält.

4. Unterrichtsverlauf und Methode

Die unerhörte Wucht der schicksalhaften Ereignisse kommt unseres Erachtens am besten zum Tragen, wenn der Lehrer den Text vorliest. – Dann sollen spontane Schülerbeiträge zu der Geschichte gesammelt werden. Nach unseren Unterrichtserfahrungen mit dem Text werden sich darunter auch Fragen nach der Schuld und Hinweise auf die Sinnlosigkeit des Geschehens befinden. – Um die Sinnlosigkeit zu thematisieren, empfiehlt es sich, nach nochmaligem stillen Lesen des Textes die Schuldfrage aufzugreifen. Dazu ist es notwendig, die Tätigkeiten des Andreas vor der Kindstötung und seine Überlegungen genau nachzuvollziehen. Dabei muß deutlich werden, daß das sauer verdiente Geld für die langersehnte Kuh ihm so viel bedeutet, daß er angesichts des verbrannten Geldes die Kontrolle über sich verliert und das Kind im Affekt tötet. Von Schuld – im Sinne bewußten Handelns (s. Interpretation, S. 25) – kann man also nicht sprechen. Eine Verbindungsfrage sollte sich auf die Ursache der weiteren Todesfälle richten, die einschließlich des Verbrennens der Kuh zwanghaft, ohne Besinnung in atemlosem Tempo ablaufen. – Jetzt kann die Frage nach dem Sinn wieder aufgegriffen und die Erkenntnis vermittelt werden, daß man dort nicht nach Sinn suchen kann, wo die Kontrolle des menschlichen Bewußtseins oder das Walten einer göttlichen Macht fehlen. An die Stelle von Sinn tritt Schicksal. – Es kann sich nun eine Diskussion darüber anschließen, ob Hebbel die Möglichkeit gehabt hätte, glaubwürdig, z. B. über eine andere Charakterisierung des Bauern als eines religiösen Menschen, Sinn in den Text einzuführen. – Falls die spontanen Schülerbeiträge nicht auf das Thema übergeleitet haben, kann der Lehrer dazu übergehen, indem er um Vorschläge für andere Überschriften bittet. Daraus müßte sich die Frage ergeben, wieso nicht das menschliche Schicksal in der Überschrift thematisiert wird, und der Kunstgriff des Themas (s. Interpretation) kann erörtert werden. – Eine Rückbesinnung auf das nur reagierende Verhalten der Menschen ist jetzt möglich und die Erkenntnis, daß das Getriebensein durch das Schicksal die Klammer aller Reaktionen darstellt. – Jetzt ist der Schritt zu der Frage naheliegend, wie das Schicksal in die Handlung eingreift, nämlich als unerhörtes Ereignis, das eine Kette weiterer unerhörter Vorfälle auslöst. – Daran wird die Frage geknüpft, ob es einen Helden gibt, die unter der Definition eines handelnden Helden verneint werden muß, da auch das Knäblein, das nur dem Spieltrieb folgt, ausscheidet. – Der Lehrer läßt jetzt den Aufbau des Textes nachzeichnen, damit erkannt wird, wie es zu den unerhörten Ereignissen kommt. Die brüchige Idylle am Anfang spielt dabei eine wichtige Rolle. – Die Erörterung der Erzählperspektive (s. Interpretation), die wegen der Rasanz und Unfaßbarkeit der schicksalhaften Geschehnisse nur am Anfang und bedingt am Schluß einen auktorialen Erzähler zuläßt, ergibt sich jetzt natürlich. – Der Lehrer gibt einige Novellendefinitionen vor und läßt erarbeiten, daß die Geschichte Momente der Novelle enthält, z. B. nach der klassischen Definition Goethes „... eine sich ereignete unerhörte Begebenheit“ (1827), aber deshalb nicht als Novelle bezeichnet werden kann, weil bewußt handelnde Menschen vorausgesetzt werden, die einen Konflikt austragen können.

5. Hausaufgabe

Die Sequenz schließt mit einer schriftlichen Erörterung: ‚Gemeinsamkeiten und Unterschiede zu den bisher gelesenen Kurzgeschichten‘. Eine zusammenfassende Frage dazu lautet: Weshalb wurde dieser Text als eine frühe Form der Kurzgeschichte verstanden? Darauf werden u. a. folgende Antworten erwartet:
- die übermächtige Rolle des Schicksals;
- Andreas’ plötzlicher „Entschluß“, der eigentlich keiner ist (kein Konflikt!);
- kein rechter Held;
- die Kürze des Textes, in der Charaktere sich nicht entwickeln können;
- die offen bleibende Frage nach dem Sinn am Schluß.

Um eine nochmalige gründliche Auseinandersetzung der Schüler mit dem Text zu provozieren, könnte ein alternatives Thema lauten: ‚Erörtert, inwieweit der Begriff Schuld auf das Verhalten des Andreas anwendbar ist.‘

Max Maetz Blekboint

1. Interpretation

Mit dem ersten Wort, der Überschrift, verfremdet der Text bereits die Normalität und signalisiert, daß mit der *Erwartungshaltung* des Lesers gespielt wird. Das geschieht auf zweifache Weise: durch die *äußere Form* (Kleinschreibung) und den *Sprachstil*. Die Eindeutschung des englischen Wortes („e" in black, „b" für p) zeigt, daß von Anfang an der Stil der gesprochenen Sprache dominiert. Form und Stil sind die entscheidenden Merkmale, von denen aus ein Zugang zu dem Text erschlossen werden kann.

Die Form ist zunächst besonders auffällig. Die Kleinschreibung aller Wörter und das Fehlen jeglicher Satzzeichen, besonders der Kommata und der Punkte, zwingen den Leser zu einer veränderten Lesehaltung und einer anderen Sichtweise des Themas „Autounfall".

Entscheidender aber für die Haltung des Rezipienten ist der Stil des Textes. Es ist der Stil von gesprochener Sprache, genauer: der plaudernde Ton eines Erzählers, der sich naiv, distanzlos, ja ungebildet gibt. Typisch für den Stil ist die bewußte Vermeidung der ordnenden Struktur einer hypotaktischen Syntax. So entstehen eine umgangssprachliche, dialektgefärbte parataktische Syntax, die Raum gibt für eine lockere Reihung spontaner Beobachtungen und Assoziationen. Distanzlos notiert der Erzähler in einer Art „Sehsprache" („was ihm in die Pupille kommt"). Er zwingt dadurch den Leser, die von diesem wahrscheinlich erwartete rationale Ordnung und emotionale Betroffenheit in die Reihungen der scheinbar naiven Beobachtungen zu bringen.

Eine besondere Raffinesse der *Erzählperspektive* ist die eigentümliche Bewußtseinslage des Erzählers, der sich dem Bauern gegenüber überlegen dünkt („der bauer mit der pfeife im maul sagt nix ... das ist ihm zu hoch ..."), der selbstbewußt seine eigene Stellung als erster Knecht einschätzt („und einer muß auf der maschine sein, auf der kombine ... der bin ich klar"), der aber mit keinem Wort die Verrohung und Verantwortungslosigkeit bei den tödlichen Abläufen erwähnt und nur genüßlich die Sensationsmomente schildert, als fehle es ihm an Durchblick. So entsteht eine sarkastische Darstellung, die nicht davor zurückschreckt, von „reschie" und „lebensechter instenierung" zu sprechen.

Die *Absicht des Erzählers* Max Maetz ist es offensichtlich, den Leser über die Abstumpfung der Gefühle (sensationslüsterne Zuschauer) und feste Einplanung des blackpoints in das alltägliche Verkehrsgeschehen (z. B. Kartenaufzeichnungen) nachdenken zu lassen. Dies erfährt dadurch eine Intensivierung, daß die sarkastische Darstellung mit Momenten der Groteske verbunden wird (breite Schilderung der umherfliegenden Damenunterwäsche; das abgerissene Ohr wird festgehalten, „damit nicht der fahrwind es davonträgt"; „der verunfallte ist schon wieder in seinem element und rast so zurück wie er hergerast ist"; „... und ein gehirnaustritt ... in der ansonsten gesunden luft ... und wir müssen leider zurück"). Insgesamt wirkt die Kurzgeschichte wie absurdes Theater.

Der plaudernde Erzählstil, der in Wirklichkeit beißender, entlarvender Sarkasmus ist, paßt genau zu dem behäbigen Verhalten des Ich-Erzählers und des Bauern dem Geschehen auf der Autobahn gegenüber und kontrastiert grell mit der Bedeutung eines Autounfalles.

Der Ich-Erzähler leitet den Text mit einer Beschreibung des Wortes „bleckboint" ein und stellt dann das „Erlebnis" der Beobachtung eines Unfalles dar. Auffällig ist, daß – und das entspricht dem plaudernden Erzählton – das gefühlsmäßige Engagement der Betrachter nicht auf die Unfallopfer, sondern ausschließlich auf die Aktion (action), das Geschehen gerichtet ist, das daher auch genau und in vielen Details wie die Reportage eines Textes wiedergegeben wird. Ein möglicherweise kritisches Mitleiden mit den Unfallbeteiligten ist dem Erzähler nicht möglich. Unfall heißt für ihn nur noch die heimliche Freude, „daß endlich wieder etwas los ist hier in der autobahneinöde und daß es ein anderer", und wirkt auf den Erzähler als Aufputschmittel, das die triste Alltagswirklichkeit vergessen läßt. Damit werden die Abgestumpftheit und die Verrohung der Gefühle zum eigentlichen Thema des Textes. Der Leser wird gezwungen, die Frage nach den Ursachen und den Folgen solchen Verhaltens zu stellen.

Die Ursachen werden von dem Text ausgespart. Angedeutet wird lediglich, daß der Erzähler und der Bauer sozial privilegiert sind, da sie sich deutlich von den „fremdarbeitern" abheben. Auch die Folgen werden nur indirekt am Ende des Textes angedeutet. Dort wird der Autounfall sprachlich in die Nähe von Kriegsgeschehen gerückt („bombe", „schreie", „schwarzer rauch"), das aus Sicht des Erzählers bedauerlicherweise nicht voll ausgekostet werden kann.

Die Perspektive, die der Text dem Leser öffnet, zielt damit auf das moralische wie auch gesellschaftliche Problem der Indifferenz von Menschen gegenüber unmenschlichem Geschehen überhaupt.

2. Unterrichtszusammenhang und didaktische Analyse

Die Kurzgeschichte von Max Maetz steht in keinem direkten Zusammenhang zu den vorausgegangenen Texten. „Blekboint" unterscheidet sich in einigen wesentlichen Punkten von diesen:

- Es fehlt eine Story.
- Wortwahl, Satzbau und Erzählperspektive dieser Kurzgeschichte werden gleichsam selber zur Botschaft.
- Durch den Kontrast zwischen sensationellen Inhalten und verharmlosender Sprache tritt das Unerhörte in den Vordergrund, die Teilnahmslosigkeit der Zuschauer.

Es sind sicherlich mehrere Punkte, die die Aufmerksamkeit der Schüler erregen werden:

- Die interpunktionslose Sprache reizt die Neugierde auf das, was eigentlich passiert ist.
- Die Diskrepanz zwischen banalisierender Sprache und schrecklichem Inhalt wird zunächst amüsieren.
- Unfallberichte, die die Schüler nur aus nüchterner Perspektive der Polizei oder

der Presse kennen, werden durch den scheinbar naiven Erzähler reizvoll und provozierend verfremdet.

Die Frage nach dem didaktischen Sinn geht über derartige Oberflächenreize hinaus:

- Sprache und Erzählperspektive dieser Kurzgeschichte regen zum kreativen Experimentieren an.
- Innerhalb der Unterrichtsarbeit wird erstmals deutlich, daß Form mehr als nur eine Zugabe zum Inhalt ist.
- Für das Alter von Schülern des 9. und 10. Schuljahres dürfte die Kurzgeschichte, die Verantwortung anmahnt und zivilisationskritische Momente enthält (Konsumgesellschaft, Verrohung und Abstumpfung gegenüber dem Tod, Hetze und Verdrängung), deshalb geeignet sein, weil sie nicht moralisiert und die Aufforderung zur Verhaltensänderung selbst entdeckt werden muß.

3. Unterrichtsziele

Die Schüler sollen

- die sprachlichen Verfremdungen entdecken und auf ihre Funktion befragen: Überschrift, interpunktionslose Syntax, plaudernde Umgangssprache, Dialekteinfärbungen, situativ ausgelöste syntaktische Reihungen, Distanzierung durch Sarkasmen, ironische Elemente und Sentenzen;
- Momente der Erzählperspektive erarbeiten: Ich-Perspektive; Distanz statt Identifikation; geringer gesellschaftlicher Status des Erzählers macht die banale Erzählhaltung glaubwürdig; schnoddrig, burschikose Sprechweise wirkt gefühlskalt; bewußter Kontrast zwischen dieser Erzählperspektive und den Inhalten, die vom Erzähler nicht mehr als unerhört ausgegeben werden; Ich-Erzähler als amüsierter Voyeur;
- die Absicht des Autors begreifen: Aufdeckung von Abstumpfung gegenüber stillschweigend tolerierten Folgen der Industrie- und Konsumgesellschaft; Kritik daran, daß Muße durch Sensationslüsternheit ersetzt wird; Wahl der Groteske, um Gehör zu finden.

4. Unterrichtsverlauf und Methode

Der Text wird den Schülern nicht ausgeteilt; er wird vom Lehrer vorgelesen. Das hat den Vorteil, daß sich vermeintliche Äußerlichkeiten wie die Kleinschreibung und Interpunktionslosigkeit nicht am Anfang der Stunde verselbständigen und die Aufmerksamkeit der Schüler nicht von drei für das Textverständnis wesentlichen Aspekten ablenken. Diese Aspekte sind: der Ich-Erzähler bzw. die beiden Beobachter des Unfallgeschehens, das Erzählte, also das Unfallgeschehen selbst, und die Haltung der Beobachter gegenüber dem Unfallgeschehen.

Der hier vorgeschlagene Einstieg ist nicht unproblematisch, weil man die Kleinschreibung und Interpunktionslosigkeit für Momente des Inhalts selbst erklären kann. Deshalb schlagen wir am Ende des Unterrichtsverlaufs eine Planungsalternative vor, die von diesen Mitteln der Gestaltung ausgeht.

Die ersten Reaktionen der Schüler auf den vorgelesenen Text können unter den oben angeführten Aspekten, die sich aus der anfänglichen spontanen Phase ergeben, gesammelt und geordnet werden. Folgendes Tafelbild könnte entstehen.

Tafelanschrift

Wo befinden sich der Ich-Erzähler und der Bauer? Was tun sie? (Ort und Handlung der Erzählung)	Was wird vom Unfallort und vom Ablauf des Unfallgeschehens erzählt? (Handlung)	Was geht in den Köpfen der beiden Beobachter vor? (Erzählperspektive)
ich: = Sohn des Bauern der Bauer unterbrechen ihre Arbeit beobachten blekboint von einer Wiese, „womöglich mit kapelle und bank davor“ zünden sich eine dreier an und warten mit Geduld B. sagt „nix nur den Kopf schüttelt er...“ verlassen die Unfallstelle wieder und schauen vom fahrenden Traktor „bekümmert“ auf neuen Unfall zurück	blekboint Vision: Schülerausflug Arbeit auf Kukuruzacker neben Unfallort Unfall: Beschreibung: Auto schleudert, rutscht auf Gegenfahrbahn, landet auf dem Dach, Auto verliert Koffer mit Damenwäsche, Ankunft der Unfallkommandos, Untersuchung des Unfallautos durch ÖAMTC und ARBÖ Untersuchung und Vermessung der Unfallstelle durch Polizei, Versorgung des Verletzten; Weiterfahrt des Verunfallten: erneutes Rasen Bauer und Erzähler zurück zur Arbeit, neuer Unfall	verstehen die Autofahrer nicht Beobachtung des Unfalls als Zeitvertreib und Amüsement begeistern sich an Unfällen („wir müssen leider zurück“) Ich-Erzähler beschreibt Unfall sehr genau, macht in seiner Beschreibung keinen Unterschied zwischen Beschädigung des Autos und Verletzung des Unfallopfers

Dabei wird es sich wahrscheinlich zeigen, daß nur wenige und nur relativ ungenaue Aussagen zu der Haltung des Erzählers/des Beobachters dem Geschehen gegenüber gemacht werden können. Dieses Defizit sollte daher Ausgangspunkt für den *nächsten Unterrichtsschritt* sein: Untersuchung der Haltung des Erzählers und des beobachteten Beobachters (des Bauern) zum Geschehen. Diese Aufgabe, die genaue Textarbeit erforderlich macht, kann als Hausaufgabe oder auch in einer anschließenden Stunde in Gruppenarbeit gelöst werden. Dabei kann die Tafelanschrift weiter als Suchraster benutzt werden mit der Maßgabe, daß die Einzelbeobachtungen auf „griffige Nenner“ gebracht werden sollen.

Das Ergebnis müßte – vergleiche das zweite Unterrichtsziel – die voyeuristische Haltung des Erzählers/der beiden Beobachter verdeutlichen. Die Schüler sollten aus dem Text zeigen, daß hier Unfälle als Amüsement und Zeitvertreib gesehen werden, und sie sollten die menschenverachtende Haltung des Erzählers herausarbeiten und erkennen, daß diese als Provokation des Lesers gemeint ist. Die Schüler können zu diesen Ergebnissen gelangen, indem sie z. B. hinweisen auf

- die Ausführlichkeit der Erklärung des Wortes „blekboint";
- die Attribute wie „berühmt" und „verläßlich", die dem Wort blekboint gegeben werden;
- das Pronomen „unser" in „unserem blekboint";
- die Vision von dem blekboint als einem Ausflugsort für Schulklassen;
- die Beschreibung des blekboints als eines Orts der Erbauung („mit kapelle und bank davor") und der Unterhaltung („können wir schon einmal zum blekboint fahren dort bei einem Zigaretterl sehen was es neues gibt");
- die Ausführlichkeit der Beschreibung des Unfalls, der Begutachtung des Autos, die in krassem Gegensatz zur beiläufigen Erwähnung des Unfallopfers und seiner Verletzung steht;
- die groteske Beschreibung des Interesses des Erzählers/des Bauern an der Damenunterwäsche, die den Unfall als direkten Lustgewinn hinstellt.

In einem *dritten Arbeitsschritt* könnten die Erkenntnisse der Schüler zur Haltung des Erzählers gegenüber dem Unfallgeschehen erweitert werden, indem die Sprache des Erzählers (Sprechhaltung) genauer untersucht wird:

- Plauderton: parataktischer Satzbau, unvollständige Sätze, Wendungen mit „und so", umgangssprachliche, alltagssprachliche Wendungen, Dialekt (schendarmerie, eine dreier, erdäpfelroder, derpackts nicht, der fallot, farma)
- Wortspiele, Anspielungen: Erklärung des Wortes blekboint; wien ist wien; zu seinem glück und unserem pech; kollert, rollt, rutscht; Verkleinerungsform bei Aufzählung der Damenunterwäsche; Wortverdrehungen wie „diater theater", „instenierung"; Wortschöpfungen wie „gehirnaustritt" und „autobahneinöde"
- Ironische und sarkastische Sprachelemente: z. B. in der Beschreibung der Untersuchung des Autos durch den ÖAMTC; „und freuen sich heimlich, daß endlich wieder etwas los ist hier in der autobahneinöde und daß es ein anderer"; „er hat ein weißen turban der sein abgerissenes Ohr festhält damit nicht der fahrwind es davonträgt".

In einem *abschließenden Unterrichtsschritt* können die Befunde mit der Frage nach der Absicht des Autors zusammengefaßt und noch einmal erörtert werden. Die im dritten Unterrichtsziel genannten Intentionen des Autors könnten die Diskussion strukturieren. Der Schluß des Textes, in dem der Unfall sprachlich in die Nähe von Kriegsgeschehen gerückt wird (vgl. Interpretation), sollte bei dem Gespräch besondere Beachtung finden, da er zum einen die gesellschaftskritische Haltung des Autors in den Blickpunkt rückt und zum anderen die Frage nach den Ursachen für das Verhalten der Autofahrer wie der Beobachter provoziert.

Exkurs: Planungsalternative

Die Kurzgeschichte liegt den Schülern vor. Dieser für die Schüler etwas ungewöhnliche Text sollte nicht als Hausaufgabe gestellt, sondern in der Klasse leise gelesen werden. Die Lektüre wird die Schüler zu zahlreichen Fragen veranlassen, die Ausgangspunkt für die Behandlung der Kurzgeschichte sein sollten.

Die Fragen werden wahrscheinlich drei Punkte betreffen:

a) Die Kleinschreibung und Interpunktionslosigkeit;
b) die Erzählhaltung des Ich-Erzählers;
c) Einzelheiten, die die Lektüre schwierig machen, wie die Dialektfärbungen mancher Wörter, ungewöhnliche Ausdrücke, Textstellen wie die über die Damenunterwäsche.

Der Einstieg in den Text kann über die Fragen zu der äußeren Form und dem Satzbau (vgl. Punkt a) erfolgen. Dabei bietet es sich an, einen Abschnitt, beispielsweise den Beginn, in einer ausführlichen Leseübung zu erarbeiten. Der Textabschnitt sollte von einem Schüler vorgelesen werden. Stellen, über die der Vorleser „stolpert", könnten mit Blick auf Sprache und Inhalt gemeinsam besprochen werden. Unter anderem könnte dabei auch die Analyse der vornehmlich parataktischen Satzstruktur eine wichtige Rolle spielen. Mehrere Schüler sollten probieren, den plauderhaften Ton des Ich-Erzählers zu treffen, der auf den ersten Blick eine merkwürdige Mischung aus naiver Begeisterung und Satire darstellt. Später muß jedoch deutlich werden, daß die Naivität scheinbar gewählt und ein Moment der Satire ist. Gerade diese Versuche würden automatisch zu einer Erörterung inhaltlicher Gesichtspunkte führen.

Die Leseübung wird durch eine Hausaufgabe („Wählt Euch eine Textstelle, die Euch besonders gefällt, aus, und übt sie so, daß Ihr sie der Klasse vorlesen könnt") erweitert, die in der folgenden Stunde Ausgangspunkt für ein stärker den Inhalt der Kurzgeschichte in den Blick rückendes Unterrichtsgespräch ist:

- Was ist das für ein Erzähler, der in dieser Weise über einen Unfall spricht/schreibt? Wie stellt Ihr ihn Euch vor?
- Was erfahren wir über den Erzähler, was erfahren wir über den Bauern? Warum spricht der Erzähler in dieser plaudernden Weise über einen Unfall? Was am Unfall interessiert eigentlich den Ich-Erzähler? Welche Punkte des Unfallgeschehens greift er heraus und beschreibt sie ausführlich? Was am Unfall interessiert ihn nicht oder nur wenig?
- Welche Wirkung hat die Sprache des Textes auf den Leser? Wie kommt die Wirkung, z. B. das Interesse, die Nachdenklichkeit, auch die Verunsicherung des Lesers, zustande?

Die Erörterung dieser Fragen nähert sich den Unterrichtsschritten, die im Teil „Unterrichtsverlauf und Methode" vorgeschlagen und erläutert werden.

5. Hausaufgabe

- Umschreiben eines Textteils in der Weise, daß
  a) Empörung und Entrüstung über die Rücksichtslosigkeit der Autofahrer,
  b) Erschrecken über die Schwere des Unfalls,
  c) Mitleiden mit dem Unfallopfer deutlich werden.
- Ein österreichischer Dorfstammtisch schwärmt von einem Blekboint. Schreibt eine Szene für ein Rollenspiel.
- Wie stellst Du Dir den Ich-Erzähler aufgrund des Textes vor?

Günter Seuren Das Experiment

1. Interpretation

Die Kurzgeschichte gibt zu vielfältigen Assoziationen Anlaß. Der Interpret muß sich jedoch streng an den Wortlaut halten, wenn er sie auch für andere einsichtig deuten will.

Thema: Der Autor Günter Seuren thematisiert das Experiment des Rückwärtsgehens, das in der Umwelt des Experimentators auf wenig Verständnis stößt.

Erzählform: Der Experimentierende hält sein Experiment nicht für logisch darstellbar. Umso reizvoller ist es, daß ihm als Begleiter ein Skeptiker gegenübergestellt wird. Diesen versucht er im *Dialog* zu überzeugen.

Schwerpunkte der Argumentation: Der Experimentierende betont, daß sich beim ausschließlichen Vorwärtsgehen der Weg verengt. Beim Rückwärtsgehen jedoch sieht er „die übergangenen und übersehenen Dinge", er hört sogar „das Überhörte". Er legt Wert darauf, nicht als „Mann der Umkehr" oder als „Träumer" bezeichnet zu werden. Der Skeptiker, der sich im herkömmlichen Vorwärtsgang bewegt, unterstellt mit einer ironischen Frage, ob der Rückwärtsgänger „das Gras wachsen hören" wolle. Dieser übergeht den Einwand mit dem Hinweis, daß sein Experiment noch nicht abgeschlossen sei.

Genauer läßt sich der Experimentator auf die zweifelnde Frage ein, ob sich sein Experiment durchsetzen werde. Es wird deutlich, daß sich seine Perspektive dem allgemeinen Verständnis entzieht. Er „hielt den Blick auf einen Punkt gerichtet, den der Begleiter nicht erkennen konnte." Inhaltlich teilt er aber soviel mit, daß es bei seinem Experiment um das Weiterleben geht. Dafür ist die gewaltlose Vermeidung kriegerischer Auseinandersetzungen wesentlich, wie er in einem Vergleich veranschaulicht. Der Begleiter akzeptiert die Antwort nicht für zivilisierte Völker und beharrt auf der Frage, welchen Sinn der Rückwärtsgang habe. Der Rückwärtsgehende antwortet vorsichtig. Er verspricht sich zunächst nur „Aufmerksamkeit" für sein Experiment. Der Einwurf des Skeptikers hinsichtlich des Erfolges verunsichert ihn nicht. Er setzt dem die feste Bereitschaft zum Versuch entgegen, den er aber auf eine Gruppe beziehen will: „Wir sollten es versuchen, wir alle." Den Einwand, ob er mit keinem mehr zusammenstoße, kann er lächelnd entkräften: „Niemals!"

Der Dialog wird jäh durch einen mehrstimmigen Schrei unterbrochen. Der Rückwärtsgänger ist von einem Wagen angefahren worden. Ein Beobachter reagiert mit Unverständnis: „Er muß betrunken sein. Er ging rückwärts." Noch im Sterben gibt der Experimentator nicht auf. Er fordert seinen Begleiter zu einem neuen Versuch auf: „... Und machen Sie es besser als ich."

Ende der Kurzgeschichte: Sie schließt zwischen Unverständnis und Hoffnung. Der letzte Satz des den Unfall aufnehmenden Polizisten lautet: „Was ist nur mit den Leuten los?" Aber der Experimentator hat Anhänger gefunden: „‚Das ist heute schon der vierte, der das versucht', sagte der Polizist."

Weitergehende Deutung: Selbstverständlich fordert die Kurzgeschichte zu einer Deutung auf, die über die dargestellten Sachverhalte hinausgeht. Es liegt nahe, sie als Modell für das Entstehen von Bewegungen zu begreifen, die mit unkonventionellen Problemlösungen experimentieren. Dazu gehört die Bereitschaft, gegen den Strom zu schwimmen und bereits eingefahrene Wege auf ihre Zweckmäßigkeit neu zu überprüfen. Die Vermeidung von Gewalt wird deutlich zur Bedingung gemacht.

2. Unterrichtszusammenhang und didaktische Analyse

Mit „Blekboint" von Max Maetz haben wir uns Kurzgeschichten zugewandt, die das Unerhörte thematisieren. Neu kommt jedoch hinzu, daß das Unerhörte bei Seuren so verrätselt ist, daß seine Deutung sich nur angestrengtem Nachdenken erschließt und nicht den Anspruch auf Allgemeinverbindlichkeit erheben kann.

Aus jugendpsychologischen Gründen darf man davon ausgehen, daß Seurens Kurzgeschichte von Schülern des 9. und 10. Schuljahres mit erwachendem Bewußtsein von ihrer Persönlichkeit bereitwillig aufgenommen wird:

- Sie betont das Unkonventionelle, das Suchen nach einem anderen Weg, das Schwimmen gegen den Strom.
- Der Rückwärtsgänger ist insofern eine Identifikationsfigur, als er den Kampf für das Ungewohnte unbeugsam und allein aufnimmt.
- Die Idee des Experimentators wird – verschlüsselt in einem Vergleich – als existentiell notwendig bezeichnet (Stadium, „wo ein Weiterleben in Frage stand").
- Die Kurzgeschichte hat Ähnlichkeit mit einem Rätsel, da Satzbau und Wortschatz einfach, aber die Lösung schwierig ist.

Aber die Kurzgeschichte wird – zumindestens nicht am Anfang – nicht die ungeteilte Zustimmung aller Schüler finden. Wie in Parabeln Kafkas ist ihre Botschaft ungeachtet der schlichten Sprache geheimnisvoll schillernd: Deshalb mögen sie junge Menschen ablehnen, die direkte Aussagen schätzen, die in verschlüsselten Formulierungen unnötige Umwege sehen. Aber gerade darin liegt ein hoher didaktischer Wert: Geduld bei der Entschlüsselung des Sinns üben und am Ende der Interpretation einsehen zu müssen, daß die Kurzgeschichte gegenüber einer allgemein verbindlichen eindeutigen Auslegung sperrig bleibt.

3. Unterrichtsziele

Die Schüler

- sammeln Aussagen, die das Experiment charakterisieren, z. B. „...sah ich die übergangenen und übersehenen Dinge, ich hörte sogar das Überhörte." – Das Experiment ist noch nicht abgeschlossen. – Es ist nicht neu. – Es soll Aufmerksamkeit auf sich lenken;
- erkennen, daß zur allmählichen Entschlüsselung des Rätsels der Dialog eingesetzt wird;
- fragen sich, wie der Experimentator eingeschätzt werden will, z. B. will er kein Mann der Umkehr sein, kein Träumer;

– untersuchen, in welchem zeitlichen Stadium das Experiment durchgeführt wird. „Es (das zerfallene Volk) war ebenfalls in ein Stadium getreten, wo ein Weiterleben in Frage stand.";
– charakterisieren das Experiment aufgrund der wechselnden Erzählperspektive von Innensicht, die der Dialog bietet, und extremer Außensicht:
  a) stellen fest, daß sie die Rolle des skeptisch fragenden Begleiters übernehmen und somit mehr über das Experiment erfahren (Innensicht)
  b) halten fest, wie das Experiment einem Passanten nach dem Unfall erscheint: „Er muß betrunken sein. Er ging rückwärts." (Außensicht)
  c) nehmen wahr, wie der Polizist das Rückwärtsgehen, das anfängt Schule zu machen, beurteilt, nämlich fassungslos: „Was ist nur mit den Leuten los?" (Außensicht)
– machen sich klar, daß und warum der Erzähler selber das Geschehen nicht bewerten will. Dem Leser soll die Möglichkeit der eigenen Beurteilung nicht genommen werden;
– fragen sich, wie sie, die mehr Einblick haben als der Passant und der Polizist, das Experiment des Rückwärtsgehens beurteilen;
– stellen fest, daß es sich bei der Kurzgeschichte um ein Rätsel handelt, das bewußt individuellen Deutungen Raum geben soll.

4. Unterrichtsverlauf und Methode

Die Schüler erhalten ausreichend Zeit, den „gedanklichen" Text still zu lesen. – Einstieg beim Thema. – Lehrerfrage nach Gesichtspunkten zur Beurteilung des Experimentators und des Experiments. Diese werden gesammelt und die besten zu Überschriften einer von den Schülern auszufüllenden Tabelle gemacht. (s. Tafelanschrift 1) – Lehrerfrage, wer das Experiment beobachtet/nicht beobachtet/dazu Stellung nimmt (s. Tafelanschrift 2) und wie die Beobachter reagieren. – Freie Diskussion über Sinn und Erfolgsaussichten des Experiments: Vermutliche Schülerreaktion: Einige werden sich mit dem Experiment identifizieren, andere skeptisch bleiben. – Lehrerfrage: Unter welchen Bedingungen kann man das Experiment für sinnvoll halten? Die Antwort kann tendenziell nur lauten: Wenn man das Experiment als ein Gleichnis ansieht, ihm einen Sinn unterstellt, der in der Kurzgeschichte nicht ausgesprochen wird. – Damit wird der Weg zu Übertragungen der fiktionalen Handlung auf die nicht fiktionale Umwelt der Schüler freigegeben.

Der Lehrer sollte sich bei diesem freien Unterrichtsgespräch zurückhalten und nur darauf achten, daß die Mutmaßungen / Analogien der Schüler sich auf Vorgaben des Textes beziehen.

5. Tafelanschrift

1. Merkmale des Experimentators und des Experiments

Äußere und innere Charakterisierung des Experimentators	Wahrnehmungen des Experimentators während des Experiments	Merkmale des Experiments	Erfolgsaussichten des Experiments
– „übermittelgroß“ – „bleich vor Anstrengung“ – „bewegte sich langsamer als die anderen, aber stetig“ – will Aufmerksamkeit auf sich lenken – hält sich weder für einen Mann der Umkehr noch für einen Träumer	– „eine große Ruhe überkam mich“ – „sah ich die übergangenen und übersehenen Dinge, ich hörte sogar das Überhörte.“ – lebt beim Rückwärtsgehen auf	– Es ist noch nicht abgeschlossen – ist nicht neu – zieht Aufmerksamkeit auf sich – findet Nachahmer	– Der Experimentator hofft – Der Begleiter räumt keine Erfolgsaussichten ein – Der Experimentator denkt zunächst nicht an den Erfolg; Nachahmung ist ihm wichtiger – Der Polizist konstatiert Nachahmung

2. Erzählperspektive

Begleiter	Passant	Polizist	Erzähler
skeptische Fragen, dadurch Dialog	hält Experimentator für betrunken	ist fassungslos	gibt gar kein Urteil ab, dadurch mehr Freiräume für Weiterdenken des Lesers

Peter Bichsel San Salvador

1. Interpretation

Bichsels Text läßt sich nicht mehr ohne weiteres als Kurzgeschichte einordnen. Sprachliche Verdichtung und inhaltliche Verknappung markieren einen Übergang zu Textgebilden, die z. B. als „moderne Kurzprosa“ – vgl. das Buch „Moderne Kurzprosa in der Sekundarstufe I“ von Kaspar H. Spinner – bezeichnet und damit bewußt von der Textsorte Kurzgeschichte abgerückt werden. Diese moderne Kurzprosa oder, wie auch formuliert wird, diese „kurzen Geschichten“ spielen in unserer Auswahl sonst keine Rolle, weil sie durch ihre intensive Verknappung, Verdichtung und ihre abstrahierende Symbolisierung Mittelstufenschüler in der Regel überfordern. Wir meinen aber, daß der völlige Verzicht auf ein Beispiel moderner Kurzprosa bei Schülern den unzulässigen Eindruck erweckt, als sei die Textsorte Kurzgeschichte ohne Entwicklung geblieben.

Die Handlung in ‚San Salvador', wenn dieser Begriff überhaupt noch sinnvoll angewendet werden kann, ist auf ein Äußerstes, ein Bild fast, reduziert: Ein Mann sitzt am Tisch und probiert, eher spielerisch, seine neue Füllfeder aus. Dem entspricht die personale Erzählperspektive, die den „Mann ohne Eigenschaften", also auch ohne Identifikationsangebote, zum Beobachtungsobjekt für den Leser macht. Erst in den Schlußzeilen geschieht etwas: Hildegard, seine Frau, kommt von der Chorprobe nach Hause. Nicht die Oberflächenhandlung, die einen sehr alltäglichen Vorgang darstellt, ist das Entscheidende in diesem Text. Seine Wirkung erhält er von seiner sprachlich verdichteten Form, die Assoziationen und Nachdenken evoziert, die weit über das direkte Erzählte hinausreichen.

Die Überschrift ist als Einstieg in den Text zu verstehen. „San Salvador" steht hier symbolisch für ein Land, mit dem viele Leser weniger eine geographische Lage verbinden, als die Vorstellung von großer Entfernung, von etwas Fremdartigem, Neuem, von Sonne, von Exotik, von „Erlösung", wie der Name andeutet. Solche Assoziationen werden im Text an einigen Stellen bestätigt: vor allem durch den Satz „Mir ist es hier zu kalt.", der ja wiederholt wird und dadurch Gewicht erlangt, aber auch durch die Wörter „Südamerika" und „Palmen". Die symbolische Bedeutung der Überschrift wird vollends klar, wenn man die Assoziationen auslösenden Wörter aus der dargestellten Situation heraus weiter klärt. San Salvador wird zur Metapher für eine Form der Existenz, die einen Wunschtraum darstellt und in einem scharfen Gegensatz steht zu der Banalität des Alltags des „Er". Der Text läßt den Mann, indem er ihn nur mit dem Personalpronomen „Er" bezeichnet, weitgehend konturenlos. Nichtssagend scheint auf den ersten Blick auch das zu sein, was der „Er" tut: Er spielt mit Füllfeder und Papier und überfliegt die Inserate in der Zeitung. Gerade die Häufung der banalen Handlungen, wie sie im ersten Teil des Textes dargestellt werden, sind ein Signal dafür, daß die Sätze eine andere als nur die vordergründige Bedeutung annehmen. Dafür gibt es in den ersten vier Abschnitten des Textes auch mehrere Hinweise. Die Wiederholung des Wortes „dann", das Adverb „später" und die Satzstruktur der Reihung implizieren einen Zeitablauf, der in auffälligem Kontrast zu den nichtssagenden Tätigkeiten steht, mit denen die Zeit gefüllt wird. Dieser Gegensatz zwischen dem Ablauf der Zeit und ihrer inhaltlichen Leere wird verstärkt durch den Satz „Dann saß er da.", der sowohl wegen seiner lapidaren Kürze wie auch seiner Bedeutung des Wartens im Kontext auffällig ist. Der Schreibvorgang selbst, der zunächst nur das Ausprobieren einer neuen Füllfeder darstellt, erhält beim genaueren Lesen den Charakter des Schreibens eines Abschiedsbriefs. Die Worte „mir", „hier", „kalt" und „Südamerika" bekommen von dieser Leseweise her besonderes Gewicht und, zusammen mit der Überschrift, z. T. zeichenhafte Bedeutung. Sie meinen den seelischen Zustand des Mannes und deuten auf seine geheimen Wünsche nach Kommunikation, Nähe zu anderen Menschen und nach Veränderung hin. Der erste Teil des Textes kann also folgendermaßen verstanden werden: Ein Mann spielt mit dem Gedanken, aus seiner ihn lähmenden und frustrierenden, mit eher belanglosen Vorgängen gefüllten Lebenssituation auszubrechen und damit eine Veränderung seines Lebens zum Positiven, wie es in der Textüberschrift suggeriert wird, zu bewirken.

Die folgenden Abschnitte des Textes verknüpfen die spielerische Möglichkeit des Ausbruchs eng mit der Person, die im Gegensatz zu dem „Er" einen Namen hat: mit Hildegard. Sie ist diejenige, auf die der Mann wartet; gleichzeitig aber wird ihre Abwesenheit von zu Hause betont, wobei das Wort „Kirchenchor" eine durchaus kritisch-ironische Bedeutung hat, da ihm in diesem Kontext etwas Provinzielles, Kleinbürgerliches anhaftet. Die Beziehung des Spiels mit dem Abschiedsbrief auf die Frau ist besonders deutlich und eng in dem Textteil von „Nun würde also Hildegard heimkommen" bis „Sie würde sich mehrmals die Haare aus dem Gesicht streichen, mit dem Ringfinger der linken Hand beidseitig der Schläfe entlangfahren, dann langsam den Mantel aufknöpfen".

In der Form des Konjunktivs werden aus der Sicht des „Er" die möglichen Reaktionen der Frau auf den Brief, d. h. auf die Flucht des Mannes aus der gemeinsamen Bindung, durchgespielt. Das Deprimierende liegt darin, daß das Leben der beiden offensichtlich in so eingefahrenen Bahnen und so routinemäßig verläuft, daß die Reaktionen der Frau auch auf einen ungewöhnlichen Schritt wie den der Trennung, von dem Mann vollständig erahnt werden können: „Sie würde lächeln und verzweifeln und sich damit abfinden". Selbst das Ereignis des Verschwindens des Mannes würde im Leben der Frau aus der Sicht des Mannes routinemäßig bewältigt werden. Lediglich das Wort „vielleicht", das dem oben zitierten Satz auffälligerweise angefügt ist, impliziert eine gewisse Unsicherheit hinsichtlich des Verhaltens von Hildegard, was die Perspektive eröffnet, daß die Routine des Alltags und des Zusammenlebens für die beiden doch noch durchbrochen werden kann.

Der letzte Teil des Textes beginnt mit „Dann saß er da" und knüpft damit ganz eng und direkt an die ersten Sätze des Textes an. Wörter wie „Füller" und „saß", die Inhaltslosigkeit der beschriebenen Tätigkeit und die Struktur der Sätze vermitteln den Eindruck der Ähnlichkeit, ja Identität mit dem ersten Teil und unterstreichen den Vorgang des Wartens. Gleichzeitig enthüllt die Wiederholung den Gedanken des Ausbruchs des „Er" aus der Routine seines banalen Lebens nach „San Salvador" endgültig als bloße folgenlose Spielerei. Die Realisierung des Wunsches auszubrechen gelingt nur in hingekritzelten Worten, bleibt also Fiktion.

Das Warten, das im Laufe des Textes zum charakteristischen Verhalten des Er wird und Symbolbedeutung gewinnt, hat in den Schlußzeilen anscheinend Erfolg: Hildegard kehrt von der Chorprobe zurück. Das Warten auf etwas als Grundzug der Existenz des Mannes wird dadurch aber offensichtlich nicht aufgehoben. Nicht nur gelten die erste Frage Hildegards und damit ihre Zuwendung nicht dem Mann, sondern den Kindern; auch die Tatsache, daß sie exakt zum vermuteten Zeitpunkt heimkommt und genau das tut, was der Mann als Geste sich vorstellen konnte, sich nämlich „die Haare aus dem Gesicht" streicht, deutet an, daß sich im Leben der beiden nichts ändern wird. Für den „Er" wird „San Salvador" also weiterhin eine bloße Idee des anderen, besseren Lebens darstellen, das Symbol der Rettung aus seinem gegenwärtigen banalen Leben bedeuten.

Die eingangs erwähnte neutrale Erzählperspektive erweist sich jetzt insofern als kritisches Darbietungselement, als die folgenlose Spielerei des „Er" mit dem Ausbrechen in ihrer Inkonsequenz unterstrichen wird. Er, der durch fehlende sympathische Charaktereigenschaften auch nicht das Mitleid des Lesers herausfordern kann, wird wie ein Beobachtungsobjekt in dessen distanzierte Perspektive gerückt.

2. Unterrichtszusammenhang und didaktische Analyse

Peter Bichsels Text „San Salvador" repräsentiert, schon allein vom Umfang her, eine Textart, die nicht mehr ohne weiteres als Kurzgeschichte eingestuft werden kann, sondern in der Regel als kurze Geschichte, als Kurzprosa bezeichnet wird. Innerhalb der Reihe der im Schülerheft abgedruckten Kurzgeschichten markiert „San Salvador" einen Prosatyp, der sich z. B. auffällig von dem sich der Textsorte der Erzählung nähernden Text „Das Obdach" von Anna Seghers unterscheidet. Die formale Verschiedenheit der Texte des Schülerheftes zeigt u. a., daß es problematisch ist, von der Kurzgeschichte als einer klar bestimmbaren und festumrissenen Textsorte zu sprechen. Die didaktische Chance dieser auch von der Form her weiten Fächerung der Geschichten liegt darin, daß sie in einer Unterrichtsreihe per se motivationssteigernd wirkt und Leseanreize vermittelt, da die Schüler den Text immer als ein Sprachgebilde betrachten können, das „Überraschungen" beinhaltet und dessen Informationen durch die Form jeweils neu entdeckt werden müssen.

Peter Bichsels „San Salvador" ist aber nicht primär deshalb als Vorschlag in die Textreihe des Schülerheftes aufgenommen worden, um eine bestimmte Form moderner Prosa zu präsentieren. Die Bedeutung dieses kurzen Textes für den Literaturunterricht liegt darin, die Schüler erfahren zu lassen, wie entscheidend und lohnend für ein umfassendes Verständnis eine intensive sprachliche wie inhaltliche Analyse eines auf den ersten Blick möglicherweise von Schülern als banal empfundenen Textes sein kann. „San Salvador" sperrt sich paradoxerweise gerade wegen der scheinbar formalen Einfachheit und inhaltlichen Banalität einem spontanen Verständnis, da die Kurzgeschichte dem selektiven Leseverhalten vieler Schüler entgegenzukommen und zu keinem genauen Lesen aufzufordern scheint. In Wirklichkeit handelt es sich um einen sehr komplexen Text, der erst durch genaue Textarbeit erschlossen werden kann. Die vordergründige und oberflächliche Rezeption muß ersetzt werden durch eine Lesehaltung, die es ermöglicht, daß sich der Schüler geduldig und sensibel mit einzelnen Wörtern und Begriffen befaßt, daß er deren kontextuale Bedeutung untersucht, Verschränkungen und Verbindungen innerhalb des Textgebildes entdeckt, größere Zusammenhänge erkennt und so allmählich von innen heraus, von einem fast beliebigen Punkt ausgehend, ein Textverständnis erarbeitet und entwickelt.

Die Form der kurzen Geschichte bietet wegen ihrer Überschaubarkeit und ihrer Komplexität die Möglichkeit, daß die Schüler die Fragwürdigkeit oberflächlichen Lesens und damit den Sinn intensiver Textarbeit erkennen.

Für die Behandlung von „San Salvador" im Unterricht bedeutet das, daß der Lehrer die Schüler zu einer detaillierten von Fragen und Aufgaben gelenkten Analyse der Kurzgeschichte anleiten muß. Die Schüler können bei der Textarbeit erfahren, daß gerade die Komplexität des Textes es ermöglicht, an mehreren Stellen in den Text „einzusteigen", indem sie nach dem Zusammenhang der einzelnen auffälligen sprachlichen Erscheinungen fragen.

In der Beschreibung des Unterrichtsverlaufes werden dazu drei Vorschläge gemacht. Die Textarbeit sollte allerdings, damit Schüler ihren Sinn und Zweck sehen, in eine ausführliche Erörterung des Inhaltes der Beziehung zwischen dem Mann und Hildegard einmünden. Dabei sollten auch Fragen wie Schuld und Verantwortung in einer Krise, die die Beziehung zwischen zwei Menschen belastet, oder Lösungen in Form von Flucht oder Weitermachen diskutiert werden, die möglicherweise weit über den Text hinausgehen. Kurze und kürzeste Geschichten „versetzen uns auf engstem Raum in eine vorgestellte Welt, vergegenwärtigen uns fast blitzlichtartig einen Lebenszusammenhang. Es ist fremdes Leben, das uns entgegentritt, aber das Fremde wird auch Spiegel für uns selbst. Kurz- und Kürzestgeschichten sind so gestaltet, daß sie – etwa aufgrund des offenen Schlusses oder der Reduktion auf das Schema einer Handlung – durch die Vorstellungstätigkeiten des Lesers erweitert werden wollen und zum Nachdenken anhalten." (Kaspar H. Spinner: Produktionsaufgaben zu Kurz- und Kürzestgeschichten. In: Praxis Deutsch 75/1986, S. 55)

3. Unterrichtsziele

Die Schüler

- erkennen die symbolische Bedeutung des Titels „San Salvador", die auf Exotik, Sonne und Ferne verweist;
- fragen nach dem Zusammenhang des Satzes „Mir ist es hier zu kalt, ich gehe nach Südamerika", mit der Situation des Mannes;
- erläutern, wie das Warten des Mannes auf Hildegard dargestellt wird (u. a. Aufzählungen von scheinbar unwichtigen Tätigkeiten);
- erkennen, daß der Mann gedanklich durchspielt, wie Hildegard bei ihrer Rückkehr auf sein Weggehen reagieren wird;
- verstehen den Schluß des Textes als ein Signal, daß sich an der von Routine und Alltag gezeichneten Beziehung zwischen dem Mann und Hildegard in Zukunft wahrscheinlich („vielleicht") nichts wesentlich ändern wird.

4. Unterrichtsverlauf und Methode

Die inhaltliche und sprachliche Verdichtung der kurzen Geschichten bietet die Möglichkeit zu Planungsalternativen. Den Schülern kann gezeigt werden, daß der Leser an allen auffälligen Stellen des Textes mit einer genaueren Analyse beginnen und von da aus in seine inhaltliche und formale Struktur eindringen kann. „San Salvador" von Peter Bichsel scheint besonders geeignet zu sein, das methodisch zu demonstrieren. Im folgenden werden deshalb drei Planungsvarianten vorgestellt und beschrieben.

Für die Behandlung des Textes reicht (wahrscheinlich) eine Doppelstunde aus.

Variante I: Einstieg beim Titel

Der Lehrer sammelt an der Tafel die Vorstellungen, die die Schüler mit dem Wort „San Salvador“ verknüpfen, ohne daß sie den Text schon gelesen haben *(erster Unterrichtsschritt)*. Wenn sich aus den Assoziationen der Schüler mehrere verschiedenartige Vorstellungsbereiche – z. B. Südsee, Abenteuer, Diktatur, geographische Lage – ergeben, sollte der Lehrer auf alle, ohne Rücksicht auf ihre Relevanz zum Text von Bichsel, eingehen.

Nachdem durch dieses Vorgespräch eine Erwartungshaltung der Schüler aufgebaut worden ist, kann der Text in einem *zweiten Unterrichtsschritt* vom Lehrer laut vorgelesen werden. Die Schüler werden schnell erkennen, welche der von ihnen mit „San Salvador“ assoziierten Begriffe für das Textverständnis relevant sind.

Nach dem Vorlesen werden in einem *dritten Unterrichtsschritt* u. a. spontane Äußerungen zu der Person des „Er“ kommen („will weg“, „träumt“, „wartet auf seine Frau“ etc.), die, da sie ein richtiges Textverständnis signalisieren, eine gute Basis für die letzte Unterrichtsphase bilden, in der die genaue detaillierte Textarbeit im Vordergrund stehen soll. Diese soll vorbereitet und eingeleitet werden durch Hinweise auf Textstellen, die den Schülern noch unverständlich sind, und durch Fragen, die sie nach dem Vorlesen nicht ohne weiteres beantworten können. Solche Fragen könnten sein:
- Welche Bedeutung hat die Füllfeder?
- Der Mann macht nichts Besonderes, warum wird das dann überhaupt beschrieben?
- Welche Rolle spielt Hildegard?
- Welche Beziehung besteht zwischen dem Mann und Hildegard?
- Der Text endet eigenartig. Warum?
- Fährt der Mann nach San Salvador?

Die Ergebnisse der Textarbeit der Schüler zu diesen Fragen werden anschließend zusammengetragen und erörtert.

Variante II: Einstieg bei Beschreibung des „Er“

„Er“ ist das erste Wort des Textes. Außer den beiden Schlußsätzen handelt das, was beschrieben wird, ausschließlich von diesem „Er“. Die Sicht des Er-Erzählers wird dem Leser als die einzige Perspektive angeboten, das Geschehen im Text wahrzunehmen und zu beurteilen.

Die Schüler sammeln in einem *ersten Unterrichtsschritt*, was im Text über den „Er“ gesagt wird:
- namenlos; der Name Paul tritt nur zweimal indirekt als Unterschrift auf;
- probiert neue Füllfeder aus;
- füllt Zeit mit eher zufälligen, nichtssagenden Handlungen;
- schreibt den Satz „Mir ist es hier zu kalt“;
- wartet auf Hildegard;
- stellt sich vor, was Hildegard tun würde, wenn sie ihn bei ihrer Rückkehr nicht mehr anträfe.

Anschließend werden die Befunde erläutert und interpretiert *(zweiter Unterrichtsschritt).* Wichtig ist, daß die Schüler erkennen,

- daß der Traum des Mannes von Südamerika offensichtlich eng mit seiner Lebenssituation, seinen Beziehungen zu Hildegard zusammenhängt;
- daß der Mann mit dem Wunsch, nach Südamerika zu gehen, nur spielt: vgl. Kritzeleien, Konjunktivformen;
- daß deshalb der Gedanke des Weggehens, der Flucht keinerlei Veränderungen seiner Lebenssituation bewirkt.

Die Schüler haben erkannt, daß das Verhältnis des Mannes zu seiner Umgebung, insbesondere zu Hildegard, für das Verständnis des Textes besonders aufschlußreich ist.

In einem *dritten Unterrichtsschritt* sollte deshalb der Text daraufhin untersucht werden, was er über die Beziehung zwischen dem Mann und Hildegard mitteilt:

- Das charakteristische Verhalten des Mannes ist, daß er auf Hildegard wartet, daß all seine Handlungen von diesem „Warten“ gesteuert zu sein scheinen.
- Der Mann kann sich genau vorstellen, wie Hildegard reagieren würde, wenn sie nach ihrer Rückkehr von der Probe des Kirchenchors erkennen müßte, daß er sie verlassen hat.

Beide Punkte weisen auf die Routine, Kalkulierbarkeit, Alltäglichkeit der Beziehungen hin, für die das hingekritzelte Wort „kalt“ symbolisch steht.

Die Interpretation der Schlußzeilen *(vierter Unterrichtsschritt)* ergibt, daß der Traum des Mannes von Südamerika durch die Heimkehr seiner Frau, ihre Worte und ihre Gesten abrupt abgebrochen wird und die gewohnten und zur Routine gewordenen Formen des Umgangs und des Zusammenlebens des Mannes mit Hildegard für ihrer beider Lebenssituation wahrscheinlich bestimmend bleiben.

Variante III: Einstieg bei der Sprache

Die Schüler erhalten folgende Aufgabe (Hausaufgabe oder stille Arbeit im Unterricht): Untersucht die sprachliche Form des Textes „San Salvador“.

- Was ist typisch für den Satzbau in diesem Text?
- Welche Funktion und Bedeutung haben die Auffälligkeiten der Satzstruktur?
- Analysiert die sprachliche Form des Abschnitts „Nun würde also ... Mantel aufknöpfen“.

Mögliche Ergebnisse

Merkmale der Struktur der Sätze:

- Drei kurze Sätze (z. B. „Dann saß er da.“) stehen drei langen Sätzen, die vor allem aus Aufzählungen bestehen, gegenüber.
- Parataktische Satzstrukturen überwiegen.

Funktion und Bedeutung:

- Das Sitzen als Ausdruck des Wartens in den kurzen Sätzen wird einer Fülle von eher zufälligen, unbewußten, scheinbar unwichtigen Tätigkeiten (vgl. Aufzählungen), die vorrangig das Ausprobieren einer neuen Füllfeder betreffen, gegenübergestellt. Die Schüler sollten erkennen, daß gerade die Form der scheinbar beliebigen Aneinanderreihung von Tätigkeiten des Mannes Aufschlüsse über dessen innere Verfassung gibt. Die Form der Reihung und Aufzählung verknüpft den Namen Hildegard mit dem Traum des Mannes vom Weggehen nach Südamerika, macht also die Problematik der Beziehung zwischen dem „Er“ und Hildegard besonders deutlich. Von dieser Interpretation aus kann das Warten des Mannes – vgl. kurze Sätze – als verzweifeltes Warten auf etwas Neues verstanden werden, was allerdings, wie der Schluß des Textes nahelegt, angesichts des Verhaltens des Mannes ein wahrscheinlich sich nicht erfüllendes Wunschdenken darstellt.

Analyse des Abschnitts „Nun würde ... langsam den Mantel aufknöpfen“:

Die Schüler sollten die sehr präzise Beschreibung des Verhaltens von Hildegard und die Form des Konjunktivs auf ihre Bedeutung im Kontext untersuchen. Der Textausschnitt zeigt einmal die Vorhersehbarkeit des Verhaltens von Hildegard aus der Sicht des Mannes und damit die Routine in ihrer beider Leben (vgl. die genauen Angaben) und macht zum anderen die Distanz des „Er“ zu Hildegard deutlich, was vor allem durch die Konjunktive, die Form der Aufzählungen, aber auch durch das, was aufgezählt wird, vermittelt wird. Der Leser erhält den Eindruck, daß der Mann quasi von außen, fast als Fremder, Unbeteiligter, das Verhalten seiner Frau beschreibt. Die ironischen Anspielungen (z. B. „würde dennoch die Hemden im Kasten zählen“, „mit dem Ringfinger der linken Hand beidseitig der Schläfe entlangfahren“) und das Wort „sich abfinden“ unterstreichen die distanzierte Haltung des Mannes Hildegard gegenüber.

Dem Wörtchen „vielleicht“ sollte bei der Besprechung des Textausschnittes besondere Aufmerksamkeit gewidmet werden, da es am ehesten noch – vgl. die Interpretation – eine Hoffnung signalisiert, daß das Leben des „Er“ und der Frau nicht ausschließlich in eingefahrenen Bahnen verlaufen wird.

Die Analyse der sprachlichen Auffälligkeiten des Textes hat die Problematik und die Gefährdung der Beziehungen des Mannes zu Hildegard aufgezeigt. Die Befunde müssen durch die Interpretation der Situation des Mannes („Mir ist es hier zu kalt“), seines Wartens auf Hildegard, vor allem aber durch die Interpretation des Schlusses ergänzt werden. Die Schlußsätze handeln davon, daß im Gegensatz zu dem nur vorgestellten, also fiktiven Verhalten der Frau im vorher besprochenen Abschnitt wirklich etwas geschieht. Diese Wirklichkeit in der Fiktion legt eine Interpretation in Richtung auf routinemäßiges Verhalten nahe. Die Frage der Frau nach den Kindern und der Schlußsatz entlarven den Titel des Textes als wirklichkeitsfernen Traum und Selbstbetrug des Mannes. Auf keinen Fall allerdings darf bei der Besprechung des Schlusses die Verantwortung für den Fortgang des Alltagstrotts im Leben des Mannes der Frau gegeben werden, weil die Perspektive der Frau im Text nicht zur Sprache kommt und eine denkbare Kommunikation zwischen den beiden erst gar nicht dargestellt wird.

5. Hausaufgabe

Versetzt Euch in die Situation der Frau und schreibt eine kurze Geschichte aus ihrer Perspektive. Möglicherweise versteht die Frau die Sehnsucht des Mannes nach San Salvador.

II. KREATIVER UMGANG MIT KURZGESCHICHTEN

1. Warum kreativer Umgang mit Literatur überhaupt?

Ohne den Anspruch auf Vollständigkeit und in Kenntnis des dialektischen Zusammenhangs zwischen Leser/Schreiber und Literatur möchen wir zunächst die Frage beantworten, welchen Sinn überhaupt der kreative Umgang mit Literatur haben kann. Wir fangen mit dem Verhältnis zwischen Schreiber/Leser und *Textvorgaben* an.

In der Regel beginnt jeder kreative Umgang mit Literatur mit gewissen Vorgaben, z. B.: Der Anfang, das Thema, Zeit und/oder Raum, Wirkung beim Leser sind vorher fixiert. Bei der Vorgabe solcher Strukturelemente könnte man das kreative Fortschreiben von Literatur in einem gewagten Vergleich zu einer Mathematikaufgabe in Beziehung setzen, bei der, von Bekanntem ausgehend, die Unbekannten gesucht werden. Die Analogie zur Literatur besteht darin, daß der Schüler das Vorgegebene ganz genau lesen muß, so wie der Mathematiker sich der Bekannten bewußt sein muß, um damit sinnvoll weiterarbeiten zu können. Daraus folgert: Kreatives Schreiben fördert den entdeckenden Leser.

Damit hängt folgender Sachverhalt eng zusammen. Liest jemand z. B. eine vorgegebene fertig ausgeführte Kurzgeschichte, so wird er mancher Einzelheit erst beim zweiten Lesen die ihr gebührende Beachtung schenken, weil er, gleichsam vom Autor gelenkt, deren Funktion für das Ganze noch nicht überschaut. Sind dem Leser aber nur einzelne Strukturelemente oder Teile eines Textes vorgegeben, so weiß er gleich zu Beginn, daß diese eine wichtige Funktion für das Ganze erfüllen. Das scheinbar Selbstverständliche erhält im Hinblick auf die von ihm zu füllenden Freiräume eine tiefere Bedeutung; es wird seiner Selbstverständlichkeit entkleidet.

Von den Freiräumen kommen wir auf die bekannte, allgemein anerkannte These von der Literatur als Simulationsraum für den Leser. Gerade diese wird durch die kreative Ausgestaltung der Leerstellen oder, im schwierigeren Falle, einer sehr weitgehenden Valenz (z. B. ist nur das Thema vorgegeben) zur konkreten Erfahrung des Schreibers.

Bei oberflächlicher Betrachtung macht der Schreiber Erfahrungen über die Wirklichkeit, in die er mit Hilfe der Fiktion eindringt. Entscheidender ist aber, daß das kreative Schreiben eine Art von Selbsterfahrung darstellt, insofern der Schreiber gehalten ist, diffuse Gefühle und Gedanken, die latent und ungeordnet in ihm stecken, in einen sinnvollen Zusammenhang zu bringen. Er erfährt, daß die von ihm gschaffene Ordnung ein Akt der Befreiung sein kann; denn er gewinnt dadurch Distanz zu sich selbst.

In einem zweiten Ansatz versuchen wir, den Sinn des kreativen Schreibens, ausgehend vom zu erreichenden *Endprodukt* her darzustellen. Zunächst wird durch die eigene Produktivität deutlich, daß „Kunst" bis zu einem gewissen Grade erlernbar ist, wenn man sich über ihre Strukturelemente und deren Zusammenwirken klar wird.

Mit diesem Gedanken ist eng verbunden, daß die meisten literarischen Werke von einigem Anspruch strukturiert sind. Die Funktionalität der einzelnen Teile und ihre Komposition werden durch eigenes Tun für die meisten Schüler einsichtiger als durch Analyse.

Schließlich – und dies ist ein eher formales Ziel – kann der schreibende Schüler nachweisen, daß er die charakteristischen Merkmale einer Textsorte erfaßt hat, oder am noch nicht gelungenen Versuch kann durch den Vergleich mit geglückteren Produktionen nachhaltiger bewußt gemacht werden, daß eine bestimmte Textsorte in ihrer idealtypischen Form noch nicht erreicht wurde. Hier ist aber noch einmal vor überzogenem Formalismus zu warnen; denn das Verfehlen eines Idealtypus einer Textsorte kann selber kreativ sein. Die Chance, dies in gegebenem Falle aufzuzeigen, sollte sich der Lehrer nicht entgehen lassen.

2. Warum kreativer Umgang mit Kurzgeschichten?

Das Experimentieren mit der kurzen und überschaubaren Textsorte „Kurzgeschichte“ ist in den Wirkungen gut kontrollierbar. Jeder experimentelle Eingriff in die Form einer Kurzgeschichte zielt, weil sie eine ungemein konzentrierte Textsorte darstellt, auf den Kern des Erzählten: Es gibt zwar falsche, nicht einsichtig begründbare Experimente; ein Experimentieren am Marginalen ist aber aus diesem Grunde fast ausgeschlossen.

Die verdichtete Form der Kurzgeschichte führt dazu, daß, ähnlich wie beim Gedicht, es zahlreiche Kurzgeschichten gibt, bei denen die Form offensichtlich der Inhalt ist. Das bedeutet für den Autor, daß er die ganze Palette von Darstellungsweisen (erzählerischen Mitteln) der Prosa auf die jeweils beste Funktion für seine Mitteilung äußerst sorgfältig überprüfen muß. Die Kurzgeschichten „Blekboint“ von Max Maetz und „Das Experiment“ von Günter Seuren aus Kapitel I verdeutlichen beispielhaft, daß die Textsorte Autoren zu immer neuen, überraschenden Experimenten mit Form und Inhalt herausfordert.

3. Wagnis des Experiments

Für den trainierten Leser von Kurzgeschichten beginnt das eigentliche Experiment mit Beispielen wie etwa der „Spiegelgeschichte“ von Aichinger (Kapitel IV), während ihm die Erzählweise der Kurzgeschichte von Lenz „Ein Freund der Regierung“ nicht sonderlich originell erscheinen mag und er seine Befriedigung eher in der inhaltlichen Pointe findet. Bei einer solchen Feststellung darf aber nicht übersehen werden, daß für wenig literaturerfahrene Schüler eine traditionell erzählte Kurzgeschichte durchaus auch von der Erzählweise her reizvoll und überraschend sein kann. Daraus ergibt sich eine prinzipielle Erkenntnis für den kreativen Umgang, den Schüler mit Kurzgeschichten vollziehen sollen. Dem Lehrer bereits bekannte Methoden, wie etwa der vorgegebene Anfang einer chronologisch kontinuierlich erzählten Kurzgeschichte, können, an der richtigen Stelle angewendet, für den Schüler sehr viel an Erkenntnissen über die Textsorte erbringen und außerdem reizvoll sein. Aus dem Dargelegten folgert, daß das Wagnis des Experiments auf bewährten Wegen einsetzen sollte und nur behutsam zum diffizilen Versuch geführt werden darf. Die Abfolge der vorgeschlagenen Experimente muß deshalb auf die Steigerung der Schwierigkeit und auf die plausible Funktion für die einzelne Kurzgeschichte aus der Sicht des Schülers überdacht werden.

4. Vorschläge zum kreativen Umgang mit Kurzgeschichten

Wir versuchen, die Vorschläge nach dem Schwierigkeitsgrad zu ordnen, und beginnen mit dem unseres Erachtens Leichteren. Wir sind uns jedoch der Problematik dieser Klassifizierung bewußt, weil es letztlich von den Fähigkeiten jedes einzelnen Schülers oder einer Gruppe abhängt, was als komplizierter eingeschätzt wird. Dies kann am Beispiel der Vorgaben verdeutlicht werden. Vermutlich werden die meisten Schüler sich leichter tun, wenn z. B. der Anfang einer Kurzgeschichte vorgegeben ist. Da die Konstituenten dieses Anfanges jedoch die Fortführung prädisponieren, folglich also vorher analytisch überdacht werden müssen, kann es sein, daß sich einzelne Schüler freier fühlen, wenn ihnen z. B. nur ein Thema zu einer Episode/Kurzgeschichte vorgegeben ist, die sie dann ganz nach ihrem Ermessen gestalten können. Um eine unangemessene Gängelung bei den drei von uns empfohlenen Ansätzen zum kreativen Handeln zu vermeiden, sollte der Lehrer gleich zu Beginn jedes Ansatzes die unter ihm aufgeführten Varianten vorstellen und einzelnen Schülern oder Gruppen die Freiheit der Wahl lassen.

Wir geben folgende Empfehlung zum kreativen Umgang mit Kurzgeschichten. Die Vorschläge werden im Schülerheft in Arbeitsanregungen für Schüler umgesetzt.

- *Vorgaben weiterführen:*
  Dabei handelt es sich darum, daß die Schüler Vorgaben wie den Anfang einer möglichen Kurzgeschichte, eine Schlüsselszene, Figurenkonstellationen, aber auch Motive in einen Textzusammenhang stellen, bei dem die vorgegebenen Strukturelemente funktional gemacht und ihre kreativen Möglichkeiten ausgeschöpft werden sollen.
- *Vorgaben umschreiben:*
  Die methodisch bekannteste Art des Umschreibens ist sicherlich, die Textsorte selbst zu verändern, z. B. einen Erzählvorgang in eine Szene bzw. eine Szenenfolge umzuschreiben, und das Medium Literatur in ein anderes Medium (z. B. Hörspiel) umzuwandeln. Verändert werden können aber auch einzelne Elemente, wie die Erzählperspektive eines Textes. Diese kreativen Möglichkeiten stellen einen starken Eingriff in den vorgegebenen Text dar. Sie verändern ihn teilweise völlig. Wenn man akzeptiert, daß es wesentlich zu ästhetischen Gebilden gehört, daß ihre Form nicht zufällig und in sich geschlossen ist, ist es problematisch, Schüler zu solchen Eingriffen in Texte und Textstrukturen aufzufordern. Wir meinen, daß sie dennoch gerechtfertigt werden können, wenn man den für Texte konstitutiven Aufforderungs-Charakter zum Tun, zum Weiterführen von Gedanken, zum Umdenken übernommener Denk- und Handlungsmuster, zum spielerischen Ausprobieren neuer Denk- und Hand-

lungsmuster gegenüber der Ästhetik abgeschlossener Vorlagen in den Vordergrund der Arbeit mit Literatur stellt. Der Lehrer sollte allerdings darauf achten, daß die Schüler das umgeschriebene Produkt z. B. in der Wirkung mit dem Originaltext kritisch vergleichen, nicht um eine Wertung des ästhetisch Gelungeneren vorzunehmen, sondern um entdecken zu lassen, daß die Wahl eines anderen Mediums, einer anderen Textsorte, einer anderen Perspektive zwangsläufig die inhaltliche Wirkung verändert und durchaus nichts Zufälliges, Beiläufiges darstellt.

- *Leerstellen durch ergänzende Arbeitsaufträge füllen:*
  Die kritischen Anmerkungen zu dem vorangegangenen Aufgabenkomplex gelten teilweise auch für diese Anregungen zum kreativen Schreiben. Bei richtiger Aufgabenstellung übernimmt der Schüler hier allerdings eine Rolle, die der Autor als eine Wirkung seines Textes intendiert: Der Leser/Schüler wird als Rezipient aktiv und entwickelt bestimmte im Text angelegte Handlungslinien etc. selbständig weiter: Er füllt „Leerstellen".
- *Interpretation mit Hilfe eines anderen Mediums oder durch Visualisierung:*
  Die Unterrichtserfahrung zeigt, daß dieser Vorschlag zu kreativem Umgang mit Literatur für viele Schüler anregend und reizvoll ist. Er verbindet in besonderer Weise die beiden Anliegen, die in den vorangegangenen einführenden Bemerkungen als Ziele des kreativen Umgangs mit Texten erläutert wurden: Die Schärfung des Blicks für die gegebenen Strukturen des Textes und die Rezeption in Form freien, kritischen, spielerischen Umgangs damit. Der Vergleich der verschiedenen Medien und Formen ermöglicht intensive Gespräche über die in/mit ihnen vermittelten Inhalte.

Verzögertes Lesen:

Den Begriff und die Methode haben wir der Zeitschrift Deutschunterricht, Heft 2/81: „Leseprozesse im Unterricht" entnommen. Er bedarf einer kurzen Erklärung: Im Kontext werden Leerstellen gelassen. Die Schüler erhalten entweder einzelne Worte, z. B. bei der Lyrik, oder Handlungsfragmente, z. B. bei Kurzgeschichten, zur Auswahl, um die Leerstellen zu füllen. Vorausgesetzt, der zu füllende Kontext ist in sich schlüssig, werden die Schüler nach sorgfältiger Diskussion sich nur auf eine Möglichkeit der Füllung einigen können. Die Einigung wird mit hoher Wahrscheinlichkeit dann stattfinden, wenn die ihnen vorenthaltene Fassung des Autors nach der Erörterung denkbarer Substituenten vom Lehrer bekanntgegeben wird.

Diese Variante des kreativen Umgangs mit Texten unterscheidet sich von den vorher erwähnten dadurch, daß sie den Schülern wegen der Schlüssigkeit des Textes vor und nach der Leerstelle weniger Spielraum läßt. Der Akzent bei diesen „Ersatzproben" verschiebt sich eher durch eigenes Experimentieren auf die Erkenntnis der Kreativität des Autors. Eigene Phantasietätigkeit wird zwar freigesetzt, ist aber nicht das Endziel. Sinn dieser Methode des sogenannten „verzögerten Lesens" ist es nämlich, zu zeigen, daß Kreativität eine hohe gedankliche Disziplin erfordert, insofern ein logisch-psychologisch in sich geschlossener Kontext in der Regel nur eine Variante der Füllung zuläßt. Fast überflüssig zu bemerken, daß die Diskussion über die Auswahl der Substituenten eine höchst interessante und in ihrer Beliebigkeit stark eingeschränkte Möglichkeit der Interpretation darstellt.

Im folgenden geben wir zwei Beispiele aus schon gelesenen Kurzgeschichten:

a) Anna Seghers: Das Obdach

Die Textstelle „Oft fand ihn die Frau stumm ... Es (das Kind) wird sicher ein Obdach gefunden haben." ist in dem den Schülern vorliegenden Text gelöscht. Sie sollen die Plausibilität der folgenden vier Substituenten untersuchen und sich für eine Variante begründet entscheiden:

1. Der zunehmende Unmut des Herrn Meunier über den Druck der deutschen Besatzer schlägt in Haß auf den obdachlosen deutschen Jungen um.
2. Er erinnert sich anerkennend an den Widerstand des jungen Deutschen gegen das NS-Regime.
3. Er stellt seiner Frau unter dem Druck der jetzigen Situation vor Augen, wie gut es gewesen sei, den Jungen damals nicht aufgenommen zu haben.
4. Der Mann Meunier fordert seine Frau eindringlich auf, nach dem deutschen Jungen zu suchen, um ihn vor den deutschen Besatzern zu verstecken.

b) Otto Flake: Die Versuchung des Richters

Die Textstelle „einen Augenblick war ich darauf gefaßt, die Aufforderung zu hören: ... Die Häuser hatten Vorgärten" fehlt in der Textvorlage der Schüler. Die logische und psychologische Wahrscheinlichkeit der folgenden Substituenten steht zur Diskussion:

1. In dem ausgelassenen Text hat der Richter den in seiner Jugend begangenen Diebstahl gegenüber seiner Braut energisch verteidigt.
2. Elsbeth ist es gelungen, dem Erzähler ein schlechtes Gewissen zu bereiten.
3. Der Erzähler hat seiner Braut gestanden, daß er aus einem ihm selbst nicht einsichtigen Grunde ein Porzellanfigürchen gestohlen hat.
4. Der Erzähler hat seiner Braut einen exakt geplanten Diebstahl eines Porzellanfigürchens bekannt.

III. VIEL GELESENE KURZGESCHICHTEN

Wolfdietrich Schnurre Jenö war mein Freund

1. Interpretation

Die *Perspektive* ist ein besonders auffälliges Darstellungsmittel in dieser Kurzgeschichte. Von Beginn an wird das Geschehen ausschließlich aus dem Blickfeld des neunjährigen Ich-Erzählers wiedergegeben. Diese Sehweise bestimmt die Handlungselemente (z. B. Art des Kennenlernens, Diebstahl des Barometers, Geschenk der Meerschweinchen, Igeljagd), vor allem aber die Darstellung selbst: Sowohl die bewußt einfache, teilweise kindliche Sprache („Er wollte lieber auf Igeljagd gehen, das wäre interessanter."; „... und schrien manchmal ‚Tooor!' oder so was."), wie auch die detaillierte Beschreibung von Vorgängen und Ereignissen, die aus der Sicht des Neunjährigen bedeutsam sind (z. B. Beschreibung des Aussehens von Jenö, des Igelbratens), vermitteln den Eindruck von Kindlichkeit und Naivität.

Jenö fällt dem Erzähler zunächst nur deshalb auf, weil er anders als er selbst ist. Jenö trägt ein „zerrissenes Leinenhemd", eine „Manchesterhose, die nach Kokelfeuer und Pferdestall" riecht, gibt zu erkennen, daß er Meerschweinchen und Igel ißt, und raucht als Achtjähriger Tabak. Er repräsentiert eine Welt, die dem neunjährigen Ich-Erzähler aufgrund seiner Erziehung – er liest Kriminalromane, züchtet Meerschweinchen, interessiert sich für das Konversationslexikon und spielt mit der elektrischen Eisenbahn – völlig fremd ist und der er anfänglich skeptisch und teilweise auch verständnislos gegenübersteht.

Im *Mittelpunkt der Handlung* steht aber nicht die Gegensätzlichkeit der beiden Jungen, sondern die Überwindung ihrer Verschiedenartigkeit durch wachsendes Verständnis für Jenös Verhalten auf Seiten des Ich-Erzählers. Die Annäherung gelingt, weil zunächst Jenö selbst durch sein selbstverständliches Auftreten (er nimmt beispielsweise das Barometer, ohne zu fragen, mit, macht aber sogleich das „herrliche Gegengeschenk" der Tabakspfeife) und seine aus Sicht des Neunjährigen faszinierenden Begabungen (Dressur der Meerschweinchen, Igeljagd, Braten des Igels) die Distanz zu dem Ich-Erzähler verringern. Ihr Verhältnis wird aber vor allem deshalb zur Freundschaft, weil der Vater des Neunjährigen, der die Gefahr der gesellschaftlichen und politischen Diskriminierung der Zigeuner sieht, seinem Sohn hilft, das Verhalten Jenös zu verstehen, und damit verhindert, daß dieser Vorurteile gegenüber Jenö und dessen Familie faßt. So lernt der Ich-Erzähler zu akzeptieren, daß Jenö bestimmte Gegenstände „mitgehen" läßt; er lernt, daß es „sinnlos" wäre, Jenö zu beeinflussen, die Igel nicht zu jagen; er lernt, die Familie Jenös zu mögen, besonders dessen Großmutter; er lernt, den Igelbraten als eine Delikatesse zu schätzen; und er erkennt, daß er „damals eine Menge gelernt" hat.

Der *Schlußabschnitt* gibt der Kurzgeschichte eine Wendung, die aus der Diskrepanz zwischen Dargestelltem und den Mitteln der Darstellung eine schockierende Wirkung auf den Leser ausübt.

Das Thema der Freundschaft zwischen zwei zunächst sehr verschiedenen Kindern wird mit einem Mal in ein deutlich markiertes historisch-politisches Umfeld (SA, SS) gestellt und von einem neuen Thema überlagert: dem der Verfolgung rassischer Minderheiten. Auf die plötzliche Wende wird vorher einmal indirekt („‚Versteh mich recht', sagte er, ‚ich hab nichts gegen Zigeuner; bloß –' ‚Bloß –?' fragte ich. ‚Die Leute', sagte Vater und seufzte.") und kurz vor Schluß etwas direkter – Blockwart und Kreisleitung werden erwähnt – vorbereitet. Dennoch kommt sie überraschend. Die Wirkung erhält sie vor allem dadurch, daß die gewaltsame, unheilvolle Deportation der Zigeuner aus der Erzählhaltung eines Neunjährigen mitgeteilt wird, der nicht begreift und überblickt, was geschieht. Er erfaßt nicht die politische Tragweite des Ereignisses, sondern kann nur seiner Betroffenheit („traurig") Ausdruck geben, daß sein Freund Jenö „jetzt weg war". Allerdings fordert der Satz „Ich habe es damals auch nicht gewußt; ..." den Leser zu mehr als nur traurigem Mitgefühl auf. Er soll sich über das Schicksal der Zigeuner im Dritten Reich informieren.

2. Unterrichtszusammenhang und didaktische Analyse

In diesem Teil des Unterrichtsvorhabens werden die Schüler mit vielgelesenen Kurzgeschichten bekannt gemacht, die typische Merkmale der Textsorte „Kurzgeschichte" in besonderer Weise verdeutlichen. Bei deren Interpretation können die Schüler an Einsichten anknüpfen, die sie in der Beschäftigung mit unterschiedlichen Varianten von Kurzgeschichten (vgl. Kapitel I des Heftes) und bei den Gestaltungsversuchen (vgl. Kapitel II) gewonnen haben.

Eine weitgehend selbständige Arbeit mit den Texten, die Bewältigung umfassender Arbeitsaufträge und eine kritische Fragehaltung, z. B. hinsichtlich der Zeitgemäßheit des Textes und der damit verbundenen didaktischen Intention, kennzeichnen die Arbeitsformen, die in diesem Teil der Unterrichtseinheit stärker berücksichtigt werden sollen, und die Arbeitshaltung der Schüler.

„Jenö war mein Freund" gehört seit vielen Jahren zur Standardlektüre im Deutschunterricht der Mittelstufe. Dafür gibt es mehrere Gründe, inhaltlicher wie formaler Art:

- Die Kurzgeschichte setzt sich mit dem Thema der Verfolgung rassischer Minderheiten auseinander, das in der Mittelstufe auch in anderen Fächern behandelt wird und wofür bei 14–16jährigen erfahrungsgemäß eine besondere Aufnahmebereitschaft besteht.
- Das Thema wird aus der Sicht eines Kindes den Schülern nahegebracht, wodurch Verständnisbarrieren gar nicht erst entstehen.
- Der bis zu dem unheilvollen Ende optimistische Grundtenor der Geschichte stellt das Problem der Vorurteile gegenüber rassischen Minderheiten als im privaten Bereich lösbar dar. Der Schluß des Textes wirft allerdings die Frage auf, wie weit der Einfluß privater Lösungen gegenüber gesamtgesellschaftlicher Diskriminierung reicht.

- Der Text konzentriert sich auf einen Vorgang, einen Ausschnitt aus dem Leben der Hauptfigur: das wachsende Verständnis des Erzählers für Jenö, das zur Freundschaft wird.
- Der Ablauf der Handlung ist typisch für viele Kurzgeschichten. Nach einem relativ unvermittelten Beginn steigert sich die Handlung bis zu dem Höhepunkt der Geschichte, der zugleich ein Wendepunkt ist; die darauf folgende Katastrophe bleibt für das Bewußtsein des Erzählers zunächst offen. Der Satz „Ich habe es damals auch nicht gewußt" deutet jedoch eine spätere Bewußtseinserweiterung des Erzählers an, die dem Leser als Aufgabe gestellt wird.
- Die Sprache ist eher einfach; Details werden wichtig; die Ausschnitte der Wirklichkeit werden zwar nur knapp, oft in Andeutungen, aber treffend und die Vorstellungskraft des Lesers anregend beschrieben.

3. Unterrichtsziele

Die Schüler
- vollziehen die Darstellung des Zigeunerlebens in dieser Kurzgeschichte nach, damit deutlich wird, daß Schnurre sich nicht auf eine sentimentale Trivialisierung des Themas einläßt;
- sehen, daß im Mittelpunkt der Handlung der Geschichte die Überwindung der Verschiedenartigkeit der beiden Jungen durch wachsendes Verständnis für Jenös Verhalten auf seiten des Ich-Erzählers steht; sie zeigen, welche Gründe der Text für das Gelingen der Freundschaft anführt (vgl. Interpretation);
- bestimmen den Höhepunkt der Handlung (Abtransport der Zigeuner). Sie erfassen mit Hilfe einer Untersuchung der Darstellung der Deportation, daß der Höhepunkt gleichzeitig den Beginn einer Bewußtseinserweiterung der Hauptfigur darstellt;
- analysieren die Wirkung des Schlußabschnittes auf den Leser, indem sie vor allem die Diskrepanz zwischen der eher naiven Erzählperspektive und dem schrecklichen Geschehen nachweisen und die den Leser zum Nachdenken und Handeln provozierende Offenheit des Schlußteils der Kurzgeschichte erkennen und erörtern.

4. Unterrichtsverlauf und Methode

Wir beschreiben im folgenden drei Möglichkeiten, wie Schüler mit diesem Text umgehen könnten.

A. Erarbeiten der Kurzgeschichte in Gruppenarbeit

Themen der Gruppenarbeit könnten sein:
- Darstellung des Zigeunerlebens in dem Text
- Darstellung des Zigeunerlebens in der Realität (Lehrer bringt Quellen mit)
- Entwicklung der Freundschaft in Stationen, graphisch dargestellt

- Informationen zum Schicksal der Zigeuner im Dritten Reich
- Absicht des Autors: Erörtert, ob Ihr diese von Schnurre dargestellte Freundschaft für möglich und glaubwürdig haltet.

Die Ergebnisse der Gruppenarbeit sollten anschließend im Plenum diskutiert werden. Möglich wäre auch ein Referat zu: Deportation und Ermordung von Zigeunern im Dritten Reich.

B. Erarbeiten der Kurzgeschichte in einem Arbeitsgespräch

Die Schüler werden aufgefordert, zum Thema „Zigeunerleben" Kassetten oder Schallplatten, Gedichte, Volkslieder, Operetten, Schlager und Bilder bzw. Zeichnungen mitzubringen. Sie stellen nach Sichtung dieses Materials fest, daß es eine Romantik des Zigeunerlebens vorspiegelt, die in der Regel nichts mit der Realität zu tun hat.

Mögliche Fragen für ein Arbeitsgespräch:
- Welches Bild von Zigeunern entwickelt der Text?
- Wie unterscheidet sich dieses Bild von dem, das die Schüler aus dem mitgebrachten Material gewonnen haben?
- Äußert Euch begründet dazu, ob Euch Schnurres Darstellung des Zigeunerlebens glaubwürdig erscheint.
- Was tragen der Erzähler, dessen Vater und Jenö dazu bei, daß eine Freundschaft zwischen zwei Jungen entstehen kann, die in so verschiedener Umwelt zu Hause sind.
- Was geschieht mit Jenö am Ende der Geschichte, und wie wird das Ende von dem Erzähler bewertet und kommentiert?
- Welche Wirkung will der Text beim Leser auslösen?
- Wodurch erreicht er die Wirkung?

C. Erarbeiten der Kurzgeschichte mit Hilfe eigener Textentwürfe

Die Schüler schreiben einen Text zu der folgenden Situation: Zwei gleichaltrige (ca. 9 Jahre alte) Jungen treffen sich zufällig. Aus der zufälligen Bekanntschaft entwickelt sich nach einigen Schwierigkeiten eine echte Freundschaft. Diese nimmt ein Ende durch ein Ereignis, das die Jungen auseinanderbringt.
- Schreibe darüber eine Geschichte.

In einem Gespräch können, um diese Aufgabe etwas einfacher zu machen, folgende Punkte geklärt werden. Es ist wichtig, daß die Schüler dabei auf eigene Erfahrungen und auf ihre Beobachtungen jüngerer Geschwister zurückgreifen.
- Das Verhalten 9jähriger Kinder:
  Was spielen sie?
  Wie verhalten sie sich beim Spielen?
  Gibt es ein unterschiedliches Verhalten von Jungen und Mädchen, das sich beim Spielen zeigt?
  Weshalb zanken Kinder dieses Alters?

- Die Beziehung zwischen Kindern, die von ihrem Wesen und Verhalten her verschieden sind:
  Nennt Beispiele für solche Verschiedenheit.
  Wie zeigen sich die Unterschiede beim Spielen?
  Wie werden Kinder dieses Alters mit solchen Unterschieden fertig?
- Freundschaft zwischen Kindern:
  Wie zeigen Kinder, daß sie andere mögen?
  Welche Zeichen der Freundschaft kennen 8–10jährige Kinder?
  Welche Belastungen von Freundschaften gibt es bei Kindern?
  Welche Ereignisse von außen können Freundschaften unter jüngeren Kindern beenden?

Besprochen werden sollte ebenfalls die Perspektive, in der die Geschichte „Jenö war mein Freund" erzählt wird.

Möglichst viele Aufsätze sollten vorgelesen und ausführlich erörtert werden.

Diese Aufgabe soll für Schnurres Kurzgeschichte sensibilisieren. Sie verdeutlicht, daß bereits eine ganz normale Freundschaft zwischen Kindern gleicher Sozialisation zahlreiche Konfliktmöglichkeiten enthalten kann. Zu beachten ist, daß Schnurre noch einen Schritt weiter geht, indem er zwischen den Freunden die Barriere unterschiedlicher Sozialisation aufbaut.

Heinrich Böll Wanderer, kommst Du nach Spa...

1. Interpretation

Bölls Kurzgeschichte, deren Handlung am Ende des zweiten Weltkrieges in einer zu einem Lazarett umfunktionierten Schule spielt, erzählt den Prozeß einer zweifachen Entdeckung durch den Ich-Erzähler: der Entdeckung und des Wiedererkennens seiner alten Schule als des Ortes, wohin er schwer verwundet aus dem Kriegseinsatz zurückgebracht wird, und der Entdeckung, welcher Art seine Verwundung ist. Der Moment, an dem er mit endgültiger Sicherheit weiß, daß er sich in der Schule befindet, in der er noch drei Monate vorher als Schüler saß, ist auch der Augenblick, in dem er seine körperliche Verstümmelung erkennt. Der Moment der Erkenntnis verknüpft die Kriegsverwundung eng mit der Schule und suggeriert eine kausale Verbindung zwischen beiden. Hier wird ein wesentliches *Strukturelement* sichtbar. Zwei Handlungslinien, die scheinbar unabhängig voneinander verlaufen, nämlich die allmähliche Wiederentdeckung der Schule und die Wahrnehmung der körperlichen Verstümmelung, werden so zusammengeführt, daß sich schlaglichtartig eine Erkenntnis einstellt: Schule und die schwere Verwundung stehen in einem ursächlichen Zusammenhang, er wird im Text über mehrere Stufen entwickelt.

Der Ich-Erzähler erlebt die Flure und Gänge der Schule von der Tragbahre aus; er beschreibt, was er im Vorbeigetragenwerden erkennt und sieht. Die Beschreibung der Bilder an den Flurwänden (z. B. der Alte Fritz, Togo), der Büsten in den Gängen (z. B. Cäsar, Cicero, Marc Aurel) und des Kriegerdenkmals legt dem Leser die Interpretation nahe, die Tradition humanistischer Gymnasien sei in den Dienst einer Pädagogik genommen worden, die Krieg heroisiert hat.

Die Entlarvung der Schule als einer Institution der Erziehung und Verführung zum Krieg geschieht vor allem durch die Kontrastierung dessen, was der Erzähler in den Fluren und Gängen der Schule sieht und erkennt, mit der Atmosphäre des Todes und der körperlichen Zerstörung, die die Schule beherrscht.

Die Decouvrierung des Geistes der Schule wird schließlich in dem Satz „Wanderer, kommst Du nach Spa...“, den der Ich-Erzähler, von ihm selbst wenige Monate vorher geschrieben, an der Zeichensaaltafel entdeckt, zusammengefaßt. Die abgebrochene Verszeile versinnbildlicht, wie unkritisch mit heroischem Gedankengut buchstäblich gespielt (vgl. die verschiedenen Schrifttypen) wurde und zu welchem schrecklichen Ergebnis die Haltung, aus der heraus solche Sätze den Schülern eingeprägt wurden, geführt hat.

Die tödliche Verflechtung Schule – Krieg gipfelt in der Schlußzeile des Textes: Der Sanitäter, der – so kann der Leser aus vielen Andeutungen (vgl. Kriegerdenkmal) im Text annehmen – den verwundeten Erzähler in einigen Augenblicken auf der Bahre zu den Toten im Hof schaffen wird, ist der ehemalige Hausmeister Birgeler.

Der Prozeß der allmählichen Bewußtwerdung des Zusammenhangs von Schule und Krieg im Fieber gewinnt durch die *Erzählperspektive* etwas Suggestives. Der Leser wird in die Lage des Schwerverwundeten versetzt, macht bei dem Wechsel von Außen- und Innensicht den schmerzlichen Erkenntnisprozeß mit, und zwar schrittweise und gründlich mit dem verzögerten Auffassungstempo des Schwerverletzten.

2. Unterrichtszusammenhang und didaktische Analyse

Die Auswahl der Kurzgeschichte von Böll hat vor allem zwei Gründe. Der Text behandelt das Problem des Zusammenhangs von Schule und Wirklichkeit an einem Beispiel, das eine Extremsituation der Geschichte (Krieg) und des Lebens (schwere Verwundung und Tod) darstellt. Diese außergewöhnliche Situation schafft Betroffenheit und ermöglicht gleichzeitig den Schülern eine distanzierte und offene Haltung gegenüber der auch für sie entscheidenden Frage nach den Auswirkungen von Schule und Erziehung.

„Wanderer, kommst Du nach Spa...“ ist darüber hinaus ein typisches Beispiel für das Genre Kurzgeschichte. Deshalb wurde der Text auch in diesem Band unter „Vielgelesene Kurzgeschichten“ aufgenommen. Der Text erschien 1950 in einer Sammlung von Kurzgeschichten, die Böll in Schulen und außerhalb der Schulen zu einem vielgelesenen und bekannten Autor machte. Die Titelgeschichte gilt als einer der besten Kurzgeschichten Bölls.

Der Text zeichnet sich durch mehrere auffällige Erzähltechniken aus:

- Die Überschrift erweckt Spannung bei dem kundigen Leser, der wissen will, welche Beziehung zu den Spartanern und der Schlacht am Thermopylenpaß durch das Zitat der Inschrift hergestellt werden soll und welche Bedeutung die Punkte hinter „Spa" haben. Der Titel erregt aber auch das Interesse des Lesers, der mit dem Zitat (noch) nicht viel anfangen kann und gerade deshalb aus dem Text Aufschluß erhofft.
- Der Text hat einen sehr einfachen, aber auch raffinierten Aufbau. Die Handlungslinie der Entdeckung, der Entschlüsselung und des Wiedererkennens bestimmt zunächst die Art des Lesens: Der Leser kann sich mit dem Ich-Erzähler identifizieren und mit ihm gleichsam die Entdeckungsreise durch die Gänge der Schule bis in den Zeichensaal interessiert mitmachen. Wenn im Zeichensaal dem Erzähler und dem Leser die Antworten auf die vorher aufgeworfenen Fragen gegeben werden, wird gleichzeitig auch die Frage nach dem weiteren Schicksal des Ich-Erzählers beantwortet. Der Zusammenhang zwischen beiden Fragen, dem nach dem Ort und dem nach dem Schicksal des Erzählers, wird durch den Aufbau des Textes hergestellt und geklärt.
- Schließlich ist der Text von Böll in besonderer Weise geeignet, mit Schülern den unvermittelten Beginn, das offene Ende, Anspielungen, Assoziationen, Querverweise innerhalb des Textes und die Konzentration der Handlung auf einen entscheidenden Punkt im Leben der Hauptfigur als typische Merkmale von Kurzgeschichten zu erarbeiten sowie Funktion und Wirkung auf den Leser zu erörtern.

Schwierigkeiten bei der Behandlung dieser Geschichte in der Mittelstufe ergeben sich vor allem aus der Vielzahl der Namen, die den heroischen Geist des Gymnasiums ausdrücken. Mit diesen Namen können die meisten Schüler nichts oder nur bruchstückhaftes Wissen verbinden. Für das Verständnis der Kurzgeschichte und Bölls vehementer Kritik am kriegsbereiten Geist der Schulen im Dritten Reich sind aber gerade die Namen entscheidend, so daß der Lehrer eine Möglichkeit finden muß, den Schülern dazu einen Zugang zu schaffen.

3. Unterrichtsziele

Die Schüler

- begreifen, daß die Stationen des allmählichen Wiedererkennens der Schule und des Zeichensaales durch den Ich-Erzähler den Aufbau der Handlung der Kurzgeschichte bestimmen:
- erarbeiten den heroischen, militanten Geist der Schule in der Zeit des Dritten Reiches. In der Kurzgeschichte wird die Handlungslinie des allmählichen Wiedererkennens der Schule verknüpft mit der Erkenntnis der schweren Verwundung; dieser ursächliche Zusammenhang zwischen Erziehung, Kriegsteilnahme und Kriegsfolgen bildet den Kern der Aussage der Kurzgeschichte;
- interpretieren das Ende der Kurzgeschichte als Hinweis auf den Tod des Ich-Erzählers, indem sie vorausgegangene Textstellen (vgl. Hinweis auf das Denk-

mal, auf den Sterbenden hinter der Tafel, auf Birgeler etc.) auf ihren Assoziationsgehalt und auf Querverbindungen hin untersuchen;

- machen sich bewußt, daß die Erzählperspektive für diese Kurzgeschichte konstitutiv ist: Die Ich-Erzählung bietet die Möglichkeit zur Identifikation mit dem Erzähler. In dessen strenge Außensicht wird der Leser hineingezogen, sein Blick tastet die Gänge und den Raum ab und bleibt schließlich an dem Tafelanschrieb, dem Thema der Kurzgeschichte, hängen. Der vermutete Umschlag in die Innensicht findet nicht statt. Diese Aussparung wird dem Leser als Aufgabe zugemutet.

4. Unterrichtsverlauf und Methode

Die allmähliche Wiederentdeckung der alten Schule durch den Ich-Erzähler, an der der Leser in seiner Identifikation mit dem Ich-Erzähler teilnimmt, legt es nahe, daraus ein schrittweises Lesen und Erarbeiten eines Teils der Kurzgeschichte als Methode abzuleiten. Die Schüler erfassen dadurch, daß sie im Unterricht die in dem Text angebotene Leserolle nachvollziehen, fast „automatisch" die für das Verständnis wichtige Struktur der Erzählhaltung. Außerdem ist es auf diesem Weg leichter, Wörter und schwierige Textstellen klären und assoziative Querverbindungen von Wörtern entdecken zu lassen. Die Erfahrung zeigt, daß solches „entdeckendes" Lesen gerade bei Kurzgeschichten motivierend und, was die Arbeitsergebnisse betrifft, fruchtbar sein kann.

Der Text liegt den Schülern zum Mitlesen vor; Vorleser ist der Lehrer. Im folgenden werden die einzelnen Leseschritte in, wenn es geht, einer Doppelstunde knapp beschrieben:

a) Hinweis zu Böll und zur Veröffentlichung der Kurzgeschichte (1950)

b) kurzes Gespräch über Titel. Falls Schüler die Inschrift „Wanderer, kommst Du nach Spa..." nicht kennen (was zu erwarten ist), sollen einige Überlegungen zur möglichen Bedeutung, auch zu den Punkten hinter „Spa", angestellt werden. Die eigentliche Klärung dieser Inschrift erfolgt später.
   Das Gespräch könnte durch den Auftrag an die Schüler und durch die Frage ersetzt werden, die Überlegungen, die der Titel in ihnen weckt, zu notieren. Diese Notizen könnten später abgerufen werden.

c) Lesen bis „ja, ja!" (Z. 1–13): Beschreiben der in die Geschichte einführenden Situation: Bombardierung, Zerstörung, Vernichtung, Hektik.

d) Lesen bis „bis Hitler ..." (Z. 28):
   - Ich-Erzähler: Verwundung („noch nicht tot")
   - Umgebung: ein altes Schulgebäude („grüne Ölfarbe", „altmodische Kleiderhaken", Türaufschriften)
   - „Bewegung": Ich-Erzähler (und Leser) nehmen die Umgebung im Vorübergetragenwerden wahr
   - Klärung von: Medea von Feuerbach, Dornauszieher, Parthenonfries, Hoplit, Großer Kurfürst, Hitler
   - (vorläufige) Interpretation der Textstelle „und alles kam, wie es kommen mußte": Die Umgebung weckt bestimmte Erwartungen des Ich-Erzählers

an eine bestimmte Art von Bildern und ausgestellten Gegenständen, die auch erfüllt werden.

e) Lesen bis „... ich selbst mußte es hingeschrieben haben." (Z. 67)
   - Ausgangspunkt des Gesprächs: Schlußsatz der Textstelle: erster direkterer Hinweis darauf, daß sich der Ich-Erzähler in der eigenen ehemaligen Schule befindet. Die Schüler sammeln Textstellen des bisher Vorgelesenen, die diese Interpretation bestärken: z. B. „alles konnte auch Täuschung sein"; „und alles kam, wie es kommen mußte"; „als wir an den drei Rassegesichtern vorbei waren, kam alles andere"; „Wenn jetzt, dachte ich flüchtig ... wenn jetzt ... aber da war es schon." Die Textarbeit veranlaßt die Schüler u. a. auch dazu, die drei bisher gelesenen Teile wieder zu lesen und zusammenzufügen.
   - Klärung von: Alter Fritz, Rassegesichter, Cäsar, Cicero, Marc Aurel, Hermessäule, Zeus, Nietzsche, Togo.

   Die Klärung dieser Wörter und Namen sollte so weit wie möglich aus dem Kontext heraus erfolgen. Die Erläuterungen des Lehrers könnten folgende Stichpunkte aufgreifen: ruhmreiche preußische Vergangenheit, Rassenpolitik der Nationalsozialisten im Unterricht der Schulen, die sogenannte humanistische Bildung, der deutsche Kolonialismus in Afrika. Ob und inwieweit der Name Nietzsche und seine Inanspruchnahme durch die nationalsozialistische Ideologie („Herrenmenschentum") erläutert wird, sollte von der Lerngruppe und den didaktischen Entscheidungen her geklärt werden. Die Schüler sollen und können auch die Erläuterungen in den Fußnoten zur Kurzgeschichte „Wanderer, kommst Du nach Spa..." heranziehen.

   Entscheidend ist, daß die Schüler den klischeehaften Signalcharakter der Namen für Heroentum, kriegerische Macht und „deutsche" Größe erkennen. Sie sollten darüber hinaus sehen, daß im Text die Namen noch in einen weiteren Zusammenhang gestellt werden, den der Lebensgefahr und der Zerstörung (die Schmerzen des Ich-Erzählers, die schnelle Bewegung an den Bildern vorbei zum Operationssaal und das Bild der Bombenzerstörung durch das Fenster neben der „Zeus-Fratze").

Der erste Teil der Kurzgeschichte ist in kleinen Schritten und mit Betonung auf genauer Textarbeit behandelt worden. Folgende Linien der äußeren und der inneren Handlungsführung sollten den Schülern bewußt sein:

- äußere Linie: ein Verwundeter (der Ich-Erzähler) wird durch die Gänge einer Schule in den Operationssaal getragen;
- innere Linie: der Ich-Erzähler erkennt im Vorübergetragenwerden Bilder und Gegenstände im Treppenhaus und an den Wänden, die in ihm den Verdacht wecken und allmählich die Vermutung bestärken, in seiner alten Schule zu sein.

Den Schülern wird jetzt der Arbeitsauftrag gegeben, in einer Skizze, die aus zwei Linien bestehen soll, die bisherigen Analyseergebnisse zur äußeren und inneren Handlung einzutragen. Das kann beispielsweise in Kleingruppenarbeit noch in der Doppelstunde erfolgen. Daraus entwickelt sich die (Haus-) Aufgabe, die Kurzgeschichte zu Ende zu lesen, die Aufmerksamkeit dabei vor allem auf die Fortführung der äußeren und inneren Handlung zu legen und die Befunde dazu auf der im Unterricht begonnenen Skizze einzutragen.

Das Ergebnis könnte folgende Tafelanschrift sein:

innere Handlung	äußere Handlung
Wiedererkennen der alten Schule	Erkennen der Verwundung
erste Eindrücke vom Schulgebäude	Ankunft
Wiedererkennen von Bildern	Transport
Bendorf	durch die Gänge zum Zeichensaal
Kriegerdenkmal	
Krenz	
	Operation und Tod des Bettnachbarn
	Erzähler auf dem Operationstisch
Spruch an der Tafel in der eigenen Handschrift	Erkennen der Verletzung Tod (Birgeler)

Offener Schluß:
Der Geist der Schule ist mitverantwortlich für Verwundung und Tod des Erzählers

Die Diskussion der Aufgabe knüpft an die bisher gewonnenen Einsichten in Bölls Kurzgeschichte an, es kommt jetzt vor allem darauf an, mit den Schülern anhand des Tafelanschriebs zu verdeutlichen, in welche Erkenntnisse die äußere und innere Handlung münden (siehe Tafelanschrieb). Folgende Fragen und Arbeitsaufträge können das Unterrichtsgespräch strukturieren:

– *Zur äußeren Handlungslinie*
  Welches Ende nimmt der Ich-Erzähler?
  Welche Textstellen deuten drauf hin, daß der Ich-Erzähler stirbt?
  Welche Rolle spielt Birgeler? Denkt daran, daß er der einzige Mensch ist, der in der Situation des Chaos die Schule noch vertritt.

- *Zur inneren Handlung*
  Wie kann man den Geist der Schule, in der sich der Ich-Erzähler wiederfindet, charakterisieren?
  Wird im Text angedeutet, was die Schule dem ehemaligen Schüler „für das Leben" gegeben hat?
  Was bedeutet es, daß der Spruch „Wanderer, kommst Du nach Spa..." in verschiedenen Schrifttypen und unvollständig an der Tafel steht?
  Was wird durch den Spruch, der gleichzeitig Titel der Kurzgeschichte ist, über die Inhalte und die Art der Erziehung in dem ehemaligen Gymnasium des Ich-Erzählers ausgedrückt?
- *Zur äußeren und inneren Handlung*
  An welcher Stelle werden beide Handlungsebenen deutlich miteinander verbunden?
  Wie ist die Verknüpfung beider Handlungsebenen zu verstehen?
- *Erzählperspektive*
  Die Perspektive der Ich-Erzählung kennt Ihr bereits aus anderen Kurzgeschichten. Inwiefern erscheint sie hier differenziert und veranlaßt dadurch den Leser zu eigenem Nachdenken über den Sinn der Kurzgeschichte?

5. Hausaufgabe

Greift Euch einige Bilder aus dem Wandschmuck der Schule heraus; informiert Euch in Nachschlagewerken näher über diese, und denkt schriftlich darüber nach, welches Erziehungsziel damit erreicht werden sollte. Informiert Euch in Geschichtsbüchern über das Erziehungsideal der Spartaner und notiert Euch Stichwörter dazu.

Siegfried Lenz Ein Freund der Regierung

1. Interpretation

Eine Gruppe von Journalisten reist in einem Regierungsbus in das „unruhige Gebiet" des Landes. Sie sollen sich selbst davon überzeugen, daß heimliche Nachrichten von Folterungen, Armut und Widerstand in der Bevölkerung gegen das Regime nicht zutreffen. Die Gruppe erreicht nach stundenlanger Fahrt durch wüstenhaftes Land ein Dorf. Die Journalisten werden dort mit einem Mann, Bonzo, zusammengeführt, der bereitwillig alle Fragen nach seiner politischen Haltung und der der anderen Dorfbewohner beantwortet: Sie alle seien Freunde der Regierung. Beim Abschied übergibt Bonzo dem Ich-Erzähler heimlich einen zur Kugel gerollten Zettel. Während der Heimfahrt traut sich der Erzähler nicht, den Zettel zu lesen, da er vom Busbegleiter beobachtet werden könnte. Erst auf der Toilette seines Hotelzimmers faltet er die Papierkugel auf. „Sie war unbeschrieben, kein Zeichen, kein Wort, dort eingewickelt lag in Papier ein von bräunlichen

Nikotinsspuren bezogener Schneidezahn. Es war ein menschlicher, angesplitterter Zahn, und ich wußte, wem er gehört hatte."

Die Inhaltsangabe macht den Aufbau der Kurzgeschichte deutlich. Sie ist auf den Schlußsatz hin komponiert. Dieser ist der Höhepunkt der Handlung, und er bewirkt in Form einer Pointe gleichzeitig eine Umdeutung der gesamten vorangegangenen Geschichte. Denn die Geschichte setzt der scheinbaren Allmacht der Regierung die auch durch brutale Unterdrückungsmechanismen nicht zerstörbare Kraft zum Widerstand des einzelnen, symbolisiert im ausgeschlagenen Zahn, gegenüber. Der auf den ersten Blick zutiefst pessimistisch scheinende Ablauf und auch der Ausgang der Geschichte erhalten durch den Schlußsatz eine Wendung zum – möglicherweise – Positiven. Der Schlußsatz zwingt den Leser in die Position des Ich-Erzählers, der das Beobachtete jetzt anders, entgegengesetzt, bewertet.

Erzählhaltung

Für den sensiblen Leser signalisieren viele Sätze und Wörter (z. B. durch ihre klischeehafte übertriebene Formulierung und ihre Wiederholung) auch vorher schon eine Doppeldeutigkeit des dargestellten Geschehens und weisen auf eine Manipulation des gesamten Ablaufs der Besichtigungstour und Einschüchterung der Bevölkerung durch die Regierung hin. Vom Schlußsatz her wird diese Doppeldeutigkeit dann endgültig bestätigt. Auffällig und doppeldeutig sind beispielsweise die Adjektive, die als Attribut, als Prädikatsnomen oder als Adverbialbestimmung im ersten Abschnitt vorkommen: höflich (zweimal), tadellos gekleidet, neu, leise, silbern, sanft, bescheiden. Zusammen mit der Einladung und dem Zweck der Busreise, nämlich der Widerlegung der Gerüchte von Folterungen und der Terrorisierung der Bevölkerung durch die Regierung, und zusammen mit den beflissenen Erläuterungen des Reisebegleiters zur Hauptstadt am Ende des ersten Abschnitts suggeriert die Häufung der Adjektive und Adverbien eine andere als die vordergründige Bedeutung der Worte. Das Geschehen des ersten Abschnitts kann als Propagandafahrt in einem Terror-Regime und das unbestimmte „sie" im ersten Satz kann als die Diktatoren an der Macht gedeutet werden.

Diese Methode, die vordergründigen Ereignisse umzudeuten, wird dem Leser auch im folgenden Teil der Geschichte nahegelegt. Die Beschreibung des toten, wüstenhaften Landes, das in dem Vergleich „grau wie die Fahne der Resignation", aber auch durch Wendungen wie „zerrissene Felswände" und „zerschnittenes Tal" eine überraschend deutliche Charakterisierung erhält, die Beobachtung der Soldaten und die wenig überzeugende Erklärung Gareks („ein sehr beliebtes Übungsgebiet"), die eingehende Darstellung der angeblichen Fürsorge des Reisebegleiters für die Journalisten, die Beschreibung des Geisterdorfes, durch das der Bus mit „unverminderter Geschwindigkeit" fährt, und die Schilderung der schmerzhaft heißen Luft und blendenden Helligkeit weisen auf Zerstörung hin, auf Gewalt, auf Überwachung, auf Schmerz und verstärken damit den Verdacht, der beim Lesen des ersten Abschnitts aufkommt.

Fast zur Gewißheit wird dieser Verdacht im dritten Teil der Kurzgeschichte, in dem die Journalisten ein Gespräch mit Bela Bonzo, einem Bürger aus einem ausgewählten Dorf führen. Die übertriebenen und ständig wiederholten Beteuerungen des Mannes, er sei ein Freund der Regierung, die devote Lobrede auf die Regierung, die Verurteilung des eigenen Sohnes sind in sich bereits Hinweise auf eine andere, das Gegenteil ausdrückende Bedeutung der Sätze und Wörter. Das wird bestätigt, wenn der Leser die Äußerungen Bela Bonzos in den Kontext weiterer Beobachtungen des Ich-Erzählers stellt. Dem Erzähler fallen die geschwollene Oberlippe und die verkrusteten Blutspuren am Halse des Mannes auf. Er bemerkt die „neuen, gelblichen Rohlederstiefel" und notiert mehrmals Bela Bonzos Zahnlücke. Vor allem aber beschreibt er das völlig unkindliche, ganz auf Bela Bonzo konzentrierte und verängstigte Verhalten der Kinder. Mehr und mehr entstehen die Gewißheit einer Terrorherrschaft und das Bild eines Mannes, der mit brutaler Gewalt zu freundlichen Aussagen über die Regierung und zu regierungskonformem Verhalten gezwungen wird. Der ausgeschlagene Zahn in der Papierkugel, der den Höhepunkt und gleichzeitig den Schluß des Textes darstellt, gibt die letzte Gewißheit: „Alles, was über das unruhige Gebiet geschrieben wurde" und was die Regierung geschickt entkräften wollte, trifft zu: Es gibt Folterungen, Armut und das Verlangen nach Unabhängigkeit und Freiheit in der Bevölkerung. So ist Lenz' Text eine Geschichte der Aufdeckung, die die von der Regierung gewünschte Legitimation durch die Journalisten ad absurdum führt.

2. Unterrichtszusammenhang und didaktische Analyse

In dem Kapitel „Vielgelesene Kurzgeschichten" stellen wir drei Beispiele vor, die einen politischen Zusammenhang ansprechen. – Die vorausgegangene Kurzgeschichte von Böll „Wanderer, kommst Du nach Spa..." und die von Lenz lassen sich durch den Begriff des „Opfers" miteinander verbinden. Der Ich-Erzähler bei Böll wird Opfer in einem Krieg, für den ein Erziehungssystem die Jugend planvoll zu begeistern versuchte. Der Held Bela Bonzo bei Lenz ist Opfer in einem Scheinfrieden, in dem eine Regierung mit gewaltsamer Propaganda und Folterungen die Zivilbevölkerung, für die Bela Bonzo repräsentativ steht, zwingt, ihr zuzustimmen. Die politische Intention beider Kurzgeschichten legt den Schülern jeweils die Schwierigkeit einer Entdeckung auf. Bei Böll müssen sie allmählich durch die Identifikation mit dem Ich-Erzähler erkennen, daß das Erziehungssystem seiner Schule für physisch erlittene Gewalt in Dienst genommen wurde; bei Lenz müssen sie entdecken, daß die Regierung, die sich nach außen als friedfertig, sanft und deshalb von der Bevölkerung akzeptiert darstellt, ebenfalls physisch und psychisch Gewalt einsetzt.

Eine wichtige didaktische Funktion von Lenz' Kurzgeschichte liegt darin, daß sie den Schülern den verschlüsselten Signalcharakter von Sprache vor Augen führt. Gerade mit der Chiffrenhaftigkeit von Sprache in fiktionalen Texten und mit ihrem assoziativen Charakter haben viele Schüler des 9. und 10. Schuljahres, aber auch der Oberstufe, Schwierigkeiten. Häufig lesen sie fiktionale Texte zu oberflächlich, ohne sich auf die hintergründige Bedeutung der Wörter und Sätze und damit auf die eigentliche Information einzulassen. Lenz' Text zwingt, spätestens mit dem Schlußsatz, zu anderem als nur vordergründigem Lesen und zeigt exemplarisch, wie in dem, was nur angedeutet ist und zunächst nur assoziativ erschlossen wird, der wirkliche Sinn der Geschichte steckt. Es ist deshalb ein entscheidendes Lernziel in dieser Unterrichtssequenz, den Schülern die Möglichkeit von sinnentdeckendem Lesen zu geben und ihnen die Erfahrung eines produktiven Umganges mit literarischen Texten zu vermitteln.

Der Begriff „Diktatur“ ist den meisten Schülern aus den Medien, insbesondere dem Fernsehen, bekannt. Allerdings werden sich die wenigsten vorstellen können, was es heißt, wenn in den Medien von Kontrolle, Einschüchterung, Folter, Unterdrückung von seiten einer diktatorischen Regierung und von der Angst, der Hilflosigkeit, der Angepaßtheit der Menschen in einer Diktatur, aber auch von ihrer Auflehnung und ihren Aktionen gegen die Regierung die Rede ist. Lenz' Kurzgeschichte vermittelt eine ausschnitthafte Erfahrung von dem Leben in einer Diktatur. Gerade weil Ort und Zeit der Handlung nicht direkt an einer spezifischen Wirklichkeit festgemacht werden können, hat der Text „Ein Freund der Regierung“ stark realistische Züge und ist auf viele konkrete Beispiele übertragbar.

3. Unterrichtsziele

Die Schüler

- machen sich klar, wo die Geschichte spielt und woraus die vordergründige Handlung der Geschichte besteht (ein nicht näher bezeichnetes Land; Landschafts-/ Klimabeschreibungen deuten auf ein südliches Land hin; Fahrt von Journalisten in ein abgelegenes Dorf; Gespräch mit einem Dorfbewohner, Bela Bonzo, über dessen Verhältnis und das der übrigen Bewohner zur Regierung);
- entdecken in dem Text Signale, die den Anstoß geben, das vordergründige Geschehen und die Beschreibungen der Landschaft, der Fahrt, der Menschen anders, entgegengesetzt, zu deuten;
- entwickeln aus diesen Hinweisen das Bild eines Terror-Regimes, das mit den Mitteln der Manipulation, der brutalen Gewalt und mit einer umfassenden Bespitzelung und Kontrolle die Menschen, den Ich-Erzähler eingeschlossen, willfährig macht, einschüchtert, unterdrückt;
- deuten den pointenhaften Schluß als den Höhepunkt der Handlung, der dem Leser in seiner Haltung, das Geschehen der Kurzgeschichte umzudeuten, endgültig Gewißheit gibt;
- erörtern die Frage nach den Verhaltensweisen und Möglichkeiten des einzelnen in einer Diktatur.

4. Unterrichtsverlauf

Im folgenden wird versucht, die Schüler weitgehend selbständig die hintergründige Bedeutung des Textes von Lenz entdecken zu lassen.

- Die Schüler bearbeiten den ersten Abschnitt des Textes in Stillarbeit.
  Fragen zum Text:
  Was ist die Ausgangssituation der Geschichte?
  In dem Textabschnitt kommen gehäuft Adjektive vor.
  Welche Funktionen haben sie; welche Wirkung geht von ihnen aus?

Die Antworten werden anschließend gemeinsam besprochen.
Folgende Tafelanschrift könnte sich als Zusammenfassung des Gesprächs ergeben:

Tafelanschrift 1
Ausgangssituation: Besichtigungstour

Ort	Veranstalter der Tour	Zweck
nicht näher bestimmt	nicht näher bestimmt („sie“); Regierungsbeamter führt Tour durch	Tour mit Journalisten in ein „unruhiges Gebiet“; Nachweis, daß Nachrichten von Folterungen, Armut und dem Verlangen der Bevölkerung nach Unabhängigkeit, nicht zutreffen

Tafelanschrift 2

Adjektive (als Attribute, Prädikatsnomen oder Adverbialbestimmungen):	
unruhig wütend	sehr höflich (2 ×) tadellos gekleidet blendend neu leise silbern sanft bescheiden

Im Unterrichtsgespräch sollte die auffällige Häufung der positiv besetzten Adjektive hervorgehoben werden. Möglicherweise verstehen einige Schüler die Ironie hinter der Beschreibung des Beamten, besonders der Wiederholung von „sehr höflich“. In diesem Fall wird wahrscheinlich auch der Signalcharakter von Ausdrücken wie „unruhiges Gebiet“, „Folterungen“, „Armut“ und „wütendes Verlangen nach Unabhängigkeit“ angesprochen. Dies vorausgesetzt, kann der Lehrer in der Tafelanschrift verdeutlichen, daß die eine Gruppe der Adjektive die andere in Frage stellt.

Leichter dürfte es den Schülern fallen, den Besichtigungscharakter (Reiseleiter, Hinweis auf Mustersiedlungen etc.) der Tour zu erkennen. Es scheint nicht ratsam, an dieser Stelle des Unterrichts bereits einen Begriff wie Propagandafahrt einzuführen.

– Nach der Analyse des ersten Abschnitts ahnen die Schüler, daß die Darstellung der Besichtigungstour durch den Ich-Erzähler kritisch gelesen, daß den Worten mißtraut werden muß. Diese den eigentlichen Sinn entschlüsselnde Lesehaltung soll im *zweiten Unterrichtsschritt* bestimmend sein.

Die Schüler lesen die Kurzgeschichte bis „. . . und warteten auf Garek, der in ihr verschwunden war.“ Sie erhalten die Aufgabe: Sammelt Textstellen, aus denen hervorgeht, daß es sich bei der Fahrt nicht um eine harmlose Sightseeing-Tour handelt.

Wenn die Schüler ihre Befunde ausweisen müssen, werden sich Begriffe wie „vordergründige“ und „hintergründige“ Bedeutung der Sprache als Ordnungskriterien ergeben.

Tafelanschrift 3

Textstellen	vordergründige Bedeutung	eigentliche Bedeutung
steinübersäte Felder braune Hänge ausgetrocknetes Flußbett heiße Ebene feiner Kalkstaub totes Land von großen Steinen bedeckt kleine farblose Büsche zerrissene Felswände harte Glut das von einem Fluß zerschnittene Tal	Landschafts-beschreibung	Die Trostlosigkeit der Landschaft, ihre Unbewohnbarkeit, ihre Zerstörtheit weisen auf die Härte, die Unbarmherzigkeit, die Verletztheit des Lebens in diesem Land hin, ohne daß die Ursachen oder die Verursacher schon deutlich werden.
Soldat handliche Maschinenpistole fröhlich zuwinkte zwei junge Soldaten	„ein sehr beliebtes Übungsgebiet“	Die Soldaten mit Maschinenpistolen in einer trostlosen Landschaft bedeuten Kontrolle und Einschüchterung.
sanfte Stimme Kultivierungspläne Blick aus dem Rückspiegel Gareks melancholischer Blick lächelnd verteilte Strohhalme und eiskalte Getränke aus gewachsten Papptüten verteilte Sandwiches ermunterte uns höflich	Beschreibung von Gareks Verhalten	Der Propagandacharakter der Fahrt wird aus dem Gegensatz von innen („eiskalt“ und komfortabel) und außen („heiß“ und unbewohnbar) deutlich. – Garek hat nicht nur die Aufgabe, die Journalisten zu betreuen, sondern auch die Funktion, sie zu überwachen („Blick aus dem Rückspiegel“).
die Fenster waren mit Kistenholz vernagelt schäbige Zäune löcherig keine Wäsche zum Trocknen Brunnen: abgedeckt kein Hundegebell nirgendwo erschien ein Gesicht Bus fuhr mit unverminderter Geschwindigkeit Fahne von Kalkstaub	Beschreibung eines ausgestorbenen Ortes	Der Ort trägt Zeichen früheren Lebens, ist also lebensfeindlich gemacht worden

Während der Erstellung der Tafelanschrift oder im Anschluß daran sollte der Vergleich „grau wie eine Fahne der Resignation“ ausführlich behandelt werden, da der Erzähler damit zum ersten Mal deutlich auf die hinter der Fassade verborgene politische Wirklichkeit anspielt. In diesem Zusammenhang kann der symbolische Gehalt des Wortes „Kalk“, das mehrfach vorkommt, erklärt werden: Der Kalk hat sich wie ein erstickendes Tuch über das Leben gelegt und erschwert das genaue Hinsehen, weil er im Sonnenlicht blendet (vgl. „der Kalk blinkte so stark, daß beim Aussteigen die Augen schmerzten“.).

– Der *dritte Arbeitsschritt* umfaßt die Analyse des nächsten Teils der Kurzgeschichte bis zum vorletzten Abschnitt. Hier stehen die Darstellung und das Verständnis der Figur des Bela Bonzo im Mittelpunkt. Da die Schüler mittlerweile für die Doppeldeutigkeiten im Text sensibilisiert sind, könnte dieser Abschnitt laut gelesen und danach in einem offenen Unterrichtsgespräch besprochen werden.
Das Unterrichtsgespräch kann folgende Punkte des Textes behandeln:

- Widersprüchlichkeiten im Aussehen und im Verhalten des Mannes:

sauber gekämmt	geschwollene Oberlippe
frisches Baumwollhemd	verkrustete Blutspuren
neue, gelbliche Rohlederstiefel	wie bei Rekruten
hat einen Sohn	versucht, Sohn zu vergessen: begründet das ausführlich
schmunzelt	Schneidezähne fehlen
lobt die Regierung ausführlich	rätselhafte Zufriedenheit
(„Freund der Regierung“)	Blick sucht Garek

  Die ausführlichen politischen Darstellungen Bonzos erscheinen als einstudierte Phrasen.
- Verhalten der Garek beobachtenden Kinder:
  „unerträgliche Aufmerksamkeit“
  „sprachen nicht miteinander“
  „Nie trafen ihre Blicke einen von uns“
  „tauschten einen langen Blick“
  „Eine Bewegung ging durch die Kinder...“
  Das unkindliche Verhalten ist wie in Kommentar zu dem, was Garek ausführt. Es zeigt die Furcht und Einschüchterung der Bewohner, auch der Kinder.
- die Floskel „ein Freund der Regierung“:
  die Wiederholungen stellen eine ironische Überbetonung dar, enthüllen die Phrasenhaftigkeit des Ausdrucks und weisen zurück auf die überausführlichen Lobsprüche Gareks auf die Regierung.
- die Papierkugel:
  die offensichtlich lebensgefährliche Heimlichkeit der Übergabe der Papierkugel und der furchtsame Umgang des Erzählers damit sollten angesprochen werden: z. B.
  „zog sie langsam, mit gekrümmten Fingern ab“
  „Bela Bonzo stand da und rauchte in schnellen, kurzen Stößen.“
  „Ich wagte nicht, die Papierkugel herauszunehmen, denn von Zeit zu Zeit erreichte uns Gareks melancholischer Blick aus dem Rückspiegel.“
- die Rückfahrt:
  die Parallelen in der Beschreibung der Landschaft mit der im ersten Teil der Kurzgeschichte sind deutlich.

– Der Lehrer liest den letzten Abschnitt der Kurzgeschichte vor, eine Erörterung des pointierten Schlusses sollte nur erfolgen, wenn die Schüler es spontan wünschen.

- Die Unterrichtsschritte 1–3 zielen vor allem auf eine genaue Analyse des Textes. Es sollte sich unbedingt eine Diskussion anschließen, in der sich die Schüler Gedanken über die Bedeutung von Bela Bonzos Tat machen. Sie sollten erkennen, daß der Zahn ein Sinnbild für Gewalt auf der einen und für Verwundbarkeit auf der anderen Seite ist, aber auch ein Symbol dafür, daß Gewaltanwendung die Unterdrückten nicht in jedem Falle, nicht im Falle Bela Bonzos, brechen und willfähig machen kann. So stellt gerade der ausgeschlagene Zahn nicht nur Hoffnungslosigkeit dar, sondern eröffnet die Perspektive von Widerstand und die Hoffnung auf eine zukünftige Veränderung.
  Die Schwierigkeiten eines Wandels in einer Diktatur können den Schülern durch Hinweise auf die Wirklichkeit in diktatorischen Staaten von heute bewußt gemacht werden. Dabei sollte auch ein hoffnungsvoll stimmender Aspekt nicht übersehen werden. Immer noch bieten Diktaturen Beobachtergremien die Möglichkeit, sich von den Verhältnissen in ihren Ländern zu überzeugen. Es scheint so, daß sich die Sensibilität demokratischer Staaten gegenüber den dabei eingesetzten Manipulationstechniken schärft.
- Bei der Analyse des hintergründigen Sinns der Kurzgeschichte werden wahrscheinlich immer wieder, aber nicht systematisch die Unterdrückungsmechanismen einer diktatorischen Regierung und die Lebensverhältnisse der einfachen Menschen in einer Diktatur angesprochen worden sein.

5. Hausaufgabe

Durch eine schriftliche Hausaufgabe könnte das als eine wichtige Aussage des Textes noch einmal von den Schülern aufgearbeitet werden. Die Aufgabe könnte lauten: Welches Bild vom Leben in einer Diktatur vermittelt Lenz' Kurzgeschichte?

Alternative Unterrichtsplanung

Falls es der Lehrer vorzieht, den Text von Lenz weitgehend in einem Unterrichtsgespräch zu behandeln, könnten folgende Fragen und Aufgaben eine Hilfe sein:

- Was ist charakteristisch für die Landschaft, durch die die Bustour führt?
  Gebt eine Beschreibung von Bela Bonzo.
  Worin zeigt sich, daß Bela Bonzo anscheinend ein Freund der Regierung ist?
  Der Schluß des Textes macht deutlich, daß das Geschehen anders als vordergründig dargestellt, gelesen und verstanden werden muß. Wo gibt es schon vorher im Text Hinweise auf Doppeldeutigkeiten im Text?
- Diskutiert über den Sinn der Kurzgeschichte: Geht dabei besonders auf die Gestalt Bela Bonzos ein und versucht, die Bedeutung der Übergabe des Zahns an den Ich-Erzähler auf dem Hintergrund der Kontrolle und Gewalt in einer Diktatur einzuschätzen. Vergleicht auch das Verhalten der Journalisten mit dem von Bela Bonzo. Seht Ihr Bezüge zwischen dem Text von Lenz und der Wirklichkeit?

IV. METHODEN DER INTERPRETATION

Die einführenden gedanklichen Texte „Die werkimmanente Interpretation“ (S. 71f.) und „Die literatursoziologische Interpretation“ (S. 78) sind für Schüler der Mittelstufe nur mit eingehender Hilfe des Lehrers verständlich. Wir haben sie deshalb in das Lehrerbuch übernommen. Wenn der Lehrer beabsichtigt, diese Methoden nicht nur über die texterschließenden Aufgaben einzuführen, sondern als solche ausdrücklich bewußt zu machen, sollte er diese mit dem Vermerk ‚Kopiervorlage‘ abgedruckten Texte auch den Schülern vorlegen. Selbstverständlich bleibt ihm auch die dritte Möglichkeit, auf der Grundlage dieser Texte beide Methoden mündlich zu erläutern.

1. Die werkimmanente Interpretation

In einer ersten vorläufigen Definition erklären wir die werkimmanente Interpretation als eine Art der Deutung von Literatur, die sich allein an der Sprache und an dem Zusammenwirken einzelner Teile eines Textes zu einer Gesamtaussage orientiert. Werkimmanent heißt, daß der Interpret (Deuter) bei seiner Interpretation (Deutung) im Rahmen des zu deutenden Werkes bleibt.

Die bekanntesten und wirksamsten Vertreter der werkimmanenten Interpretation in Deutschland sind Wolfgang Kayser und Emil Staiger. Dies gilt für die Forschung und den Deutschunterricht gleichermaßen. Sie erhoben breitenwirksam den literarischen Text wieder zu einer Autorität, die kein Forschungszweig der Literaturwissenschaft vernachlässigen sollte. Durch ihren Einfluß bemühte sich auch der Deutschunterricht in den fünfziger und sechziger Jahren vorrangig um die Deutung des *sprachlichen* Kunstwerks.

Kayser definierte in seinem außerordentlich verbreiteten Buch „Das sprachliche Kunstwerk" (1. Auflage 1948, 13. hier zitierte Auflage 1968) als ausschließliches Forschungsgebiet der Schule werkimmanenter Interpretation die Dichtung oder, etwas weiter gefaßt, die schöne Literatur.[1] „So sind zwei Kriterien gewonnen, um aus der Literatur im weiteren Sinne einen engeren Bezirk abzusondern. Das besondere Vermögen solcher literarischen Sprache, eine Gegenständlichkeit eigener Art hervorzurufen, und der Gefügecharakter der Sprache, durch den alles in dem Werk Hervorgerufene zu einer Einheit wird." (S. 14) Unter „Gegenständlichkeit eigener Art" verseht Kayser, daß die literarische Sprache eine erdichtete Welt hervorruft, die mit der Realität, auf die sie sich bezieht, nicht gleichgesetzt werden darf. Mit dem „Gefügecharakter der Sprache" meint er, daß die einzelnen Kompositionsteile eines Kunstwerks, wie z. B. Thema, Motiv, Aufbau, Erzählhaltung, sich zu einer Gesamtaussage zusammenfügen.

Die Bedeutung der Dichtung bzw. der schönen Literatur bestimmt sich nach Kayser „durch den Horizont des Ranghohen" (S. 16). Der Literaturwissenschaft, die sich hauptsächlich auf den Gefügecharakter des sprachlichen Kunstwerks zu konzentrieren hat, kommt nach Kayser eine besondere Aufgabe zu. Kayser nahm eine Trennung zwischen dem Werk und seinem Dichter vor. „Der Dichter ist in dem eigentlichen Gegenstand der Literaturwissenschaft nicht enthalten."

In einem heute von der Literaturwissenschaft in dieser Ausschließlichkeit nicht mehr akzeptierten Verfahren, zunächst nur den Text zu untersuchen, glaubt er, „die Fragen nach seiner (des Dichtwerks) Entstehung, den Quellen, dem Schaffensvorgang, der Wirkung, den Einflüssen, die es ausübte, seiner Bedeutung für Strömungen, Epochen usf. und vor allem die Fragen, die zu seinem Dichter leiten und sich mit ihm beschäftigen, als einen weiteren Kreis von Fragen auffassen" zu dürfen, „der sich um jenes Zentrum der Literaturwissenschaft herumlegt" (S. 17).

Auch Emil Staiger sieht in der wissenschaftlichen Interpretation eine Methode, die sich vom Einzelwerk selber ausgehend mit den sprachlichen und formalen Gegebenheiten begnügt, „ohne nach rechts und nach links und besonders ohne hinter die Dichtung zu sehen" (Die Kunst der Interpretation, Zürich 1955, S. 10). Nicht in allen seinen Veröffentlichungen formuliert er aber die programmatische Richtung so bedingungslos. Zumindestens im Vorwort seines Goethe-Buches schließt er die literaturhistorische Forschung nicht aus dem Zentrum der Literaturwissenschaft aus. Er betreibt historische Forschung aber nahezu zweckfrei unter dem Gesichtspunkt der Neugierde. „Wir haben uns vom Nachteil der Historie[2] überzeugen lassen und viel zu spät bemerkt, wie eng sich unser Horizont einschränkt, wie kümmerlich unser Wachstum ist, sobald wir in der

Geschichte nichts als Widerspruch oder Bestätigung suchen, statt, vorerst von nichts als Neugierde geleitet, unbekümmert und selbstvergessen in ihre Gefilde auszuschweifen." (Emil Staiger, Goethe. 1. Bd. Atlantis, Zürich 1952, S. 7)

Staigers Interpretationslehre verdient auch deshalb Beachtung, weil wohl niemand in der deutschsprachigen Literaturwissenschaft so deutlich das subjektive Gefühl zur Grundlage der Interpretation erhoben hat. Er will den „reinen, unverwechselbar eigenen Stil" (Staiger: Die Kunst der Interpretation. Studien zur deutschen Literaturgeschichte. Atlantis, Zürich 1955, S. 18) eines Kunstwerks begreifen. Da dies seines Erachtens allein mit Kriterien der vernunftgemäßen Erkenntnis nicht gelingt, bleibt seiner Meinung nach nur die Möglichkeit, ihn „anschaulich zu reproduzieren"[3] (Die Kunst der Interpretation, a.a.O., S. 19). Das Reproduzieren des Stils, d. h. die Wiederholung des Schaffensprozesses, verlangt vom Interpreten, sich in die Verfassung des Autors möglichst hineinzuversetzen, ihm kongenial[4] zu werden. Die Kongenialität zwischen Ausleger und Kunstwerk umschreibt Staiger mit Worten wie „ansprechen, Liebe und Ehrfurcht". In der Einleitung zu „Meisterwerke deutscher Sprache" lautet die unbedingte Voraussetzung der Staigerschen Auslegung: „Die Organe der Erkenntnis, ohne die kein rechtes Lesen möglich ist, heißen Ehrfurcht und Liebe. Auch die Wissenschaft kann ihrer nicht entraten; denn sie begreift und scheidet nur, was die Liebe besitzt, und ohne Liebe bleibt sie leer." (Staiger, Emil: Meisterwerke deutscher Sprache. Atlantis, Zürich: ^{3}1957, S. 10).

Wir haben uns bei dieser kurzen, vereinfachenden Skizzierung der werkimmanenten Interpretation bewußt auf die deutschen Repräsentanten dieser literaturwissenschaftlichen Schule konzentriert und auf eine komplexere Grundlegung dieser Richtung der Literaturwissenschaft verzichtet, wie sie z. B. Roman Ingarden in seinem Werk „Das literarische Kunstwerk" (^{1}1931) geschaffen hat. Auch scheint es uns nicht sinnvoll, in einem Schulbuch auf Mängel und Irrtümer einzugehen, die man aus heutiger Sicht der werkimmanenten Interpretation nachweisen kann. Wir haben uns deshalb zu diesem Verzicht entschlossen, weil Schüler zunächst das überschaubare Verfahren der werkimmanenten Interpretation kennenlernen sollen, bevor sie mit schwierigeren Verfahren und Problemen der Interpretation bekannt gemacht werden. Wir weisen jedoch nachdrücklich darauf hin, daß sich der methodische Zugang der werkimmanenten Interpretation, ausschließlich angewendet, unter anderem bei zahlreichen Kurzgeschichten, die eine ganz bestimmte historische und gesellschaftliche Situation zugrunde legen, verbietet und durch entsprechende andere Methoden der Analyse ergänzt werden muß. Schüler und Lehrer, die dieses Schulbuch auf der Oberstufe benutzen, verweisen wir auf das Buch von Ekkehart Mittelberg „Methoden- und Rezeptionswahl in der Literaturwissenschaft am Beispiel der Sesenheimer Lyrik Goethes" (Ernst Klett Verlag, Stuttgart 1976), das sich in dem Kapitel „Kronzeugen der werkimmanenten Interpretation" ausführlich mit der Methode der werkimmanenten Auslegung auseinandersetzt.

1 *schöne Literatur:* literarische Werke, die nicht nur hohen künstlerischen Ansprüchen genügen, sondern auch unterhalten sollen
2 *Historie:* Geschichte; hier: Literaturgeschichte
3 *reproduzieren:* noch einmal / neu gestalten
4 *kongenial:* geistig verwandt, ebenbürtig

Ilse Aichinger Spiegelgeschichte

1.1 Interpretation

Zur Interpretation dieser Kurzgeschichte von Ilse Aichinger sind keinerlei historische, gesellschaftsbezogene oder biographische Fragestellungen notwendig. Der Text erschließt sich allein durch genaue Beobachtung seines „Gefügecharakters", d. h. durch sorgfältigen Nachvollzug seiner Idee, seiner Erzählhaltung, seines Aufbaus, seines Themas und besonders durch das Ausloten der Bedeutung einzelner symbolträchtiger Worte und Sätze. Gerade wegen der starken Verrätselung der Kurzgeschichte gerät der Interpret ins Schwimmen, sobald er sich nicht genau an den Wortlaut des Textes hält, wie es die werkimmanente Interpretation verlangt.

Bei dieser Kurzgeschichte spielt ebenso wie bei der Kurzgeschichte von Günter Seuren „Das Experiment", mit der sie sich gut vergleichen läßt, das kreative Moment der *Idee* eine Rolle. Beide Kurzgeschichten leben von der Idee der Rückblende. Während Seuren diese in der Form des Rückwärtsgehens vorstellt, wird sie bei Aichinger offenkundig als zeitliche Rückblende dargestellt. Das Leben einer jungen Frau wird vom Tod bis zur Geburt zurückgespult.

Auch wenn man sich genau an den Wortlaut des Textes hält, bleibt eine von Aichinger möglicherweise bewußt angelegte Schwierigkeit: Es ist häufiger von einem ‚blinden Spiegel' die Rede. Dies läßt u. E. zwei Deutungen zu. Die eine Interpretationsmöglichkeit sieht bei der vom Tod zur Geburt rückwärts erzählten Geschichte die Blindheit des Spiegels als Zukunftsungewißheit. Sie setzt diese Zukunftsungewißheit aber nicht durchgängig voraus, sondern wählt trotz Rückwärtserzählens teilweise den Blick nach vorn. Im Lebensablauf der jungen Frau gibt es Momente, in denen sie in dem für die Zukunft blinden Spiegel ihre Zukunft nicht sieht, z. B. weiß sie nicht, daß ihre Liebe mit einer Abtreibung enden wird. Die zweite Interpretationsmöglichkeit faßt das Attribut ‚blind' grundsätzlicher auf. Bei dieser Sichtweise kennt die Frau auch die einzelnen rückwärts erzählten Lebensstationen nicht. Eine weitere Berechtigung für diese Interpretation liegt darin, daß die allwissende, kommentierende Erzählerin der jungen Frau ihre Vergangenheit, die im Augenblick des Todes von ihr erinnert wird, in der Form des Futurs mitteilt. Das Erinnern bis zurück zur Geburt wäre dann nicht eine sekundenschnelle, simultan zusammenfassende Hellsichtigkeit der Sterbenden, sondern ein letztes in Stationen ablaufendes Begreifen ihres Lebens. Für diese Interpretation haben wir uns entschieden und ihre Konsequenzen im einzelnen dargelegt. Die andere Deutung schließen wir nicht aus; sie würde bei gleichzeitiger Retrospektive und Prospektion das Absurde des blinden Spiegels noch stärker betonen.

Erzählhaltung und Aufbau: Mit gewohntem Vorwärtserzählen wäre es eine relativ alltägliche Geschichte geworden. Indem die Autorin aber die Stationen eines Lebens Schritt für Schritt rückwärts verfolgt, wird dem Leser viel Aufmerksamkeit abverlangt. Alltägliche Vorgänge, über die das meistens in die Zukunft gerichtete Bewußtsein der Beobachter oberflächlich hinweggeht, erhalten so eine tiefere Bedeutung. Gerade weil der Aufbau der Kurzgeschichte nur die wichtigsten Stationen eines Lebens durchläuft, zwingt sie den Leser, sich mit diesen Stationen gründlich auseinanderzusetzen. Diese sind inbesondere die Beerdigung, die Trauer des jungen Mannes, das Ringen der jungen Frau mit dem Tode, der psychische Kampf der Frau bei einer Abtreibung, die Entwicklung der Liebe zwischen Mann und Frau bis zu ihrem Entstehen, die Schul- und Lernzeit des jungen Mädchens, der Tod ihrer Mutter, die Kinderjahre und die Säuglingsphase mit den schwierigsten Lernprozessen des Gehens und Sprechens und das Wunderbare der Geburt. Vor allem an den Beispielen des Erlernens von Sprechen und Gehen wird deutlich, daß wir uns daran gewöhnt haben, etwas höchst Kompliziertes und darum Geheimnisvolles als selbstverständlich hinzunehmen.

Thema der Kurzgeschichte: Als Thema der Kurzgeschichte hat Aichinger etwas Symbolträchtiges, nämlich den Spiegel gewählt. Es ist hier nicht der Spiegel im physikalischen Sinne gemeint, sondern der Spiegel der Zeit. Es ist aber nicht eine Auslegung notwendig, die den Spiegel sogleich als Symbol sieht. Wenn die Schüler textimmanent interpretieren, läßt sich soviel festhalten: Normalerweise dient ein Spiegel dazu, etwas sichtbar zu machen, was sich vor ihm ereignet. Der Spiegel dieser Kurzgeschichte ist jedoch blind. Also sehen die Personen, die vor ihm agieren, nicht sich selbst und auch nicht, was hinter ihnen liegt. Da die Kurzgeschichte jedoch eindeutig nahelegt, den Spiegel auf Räume der Zeit zu beziehen, kennen sie folglich ihre Vergangenheit nicht. So ist die junge Frau z. B. bereit, wieder die Schmerzen der Abtreibung auf sich zu nehmen („... und die Schmerzen beginnen endlich wieder zu jubeln"); die alte Frau macht das Kind wieder lebendig.

Die gesamte Vergangenheit der jungen Frau wird im Augenblick des Todes zurückgespult. Dabei hat sie kein Bewußtsein von ihrer Vergangenheit. Wer sein Leben zurückgeht, hat keine Zukunft vor Augen. In diesem Sinne sind auch die folgenden Textstellen zu verstehen: „Aber kaum hat er's gesagt, hat er es auch vergessen." – „Im Spiegel sagt man alles, daß es vergessen sei. Und kaum hast du gesagt, daß du das Kind erwartest, hast du es auch verschwiegen." – „Im Spiegel tut man alles, daß es vergeben sei." – „Die Zukunft ist vorbei. Die Zukunft ist ein Weg am Fluß, der in die Augen mündet. Geh zurück!" Kurz: An dem blinden Spiegel zerschellt die Zukunft. Da in ihm alles Vergangene vergeben und vergessen ist, ist der Weg in die Vergangenheit frei.

Die Natur: Eine besondere Bedeutung kommt in dieser Kurzgeschichte auch der Natur zu. Die Farben des Himmels, z. B. das immer wieder hervorgehobene Grün, das Spiel des Windes und des Regens, das Werden und Vergehen der Tages- und Jahreszeiten, die elementare Gewalt des Wassers („... die See verschlingt, was ihr noch sagen wolltet.") und vor allem das „starke Licht" werden in die Rückblende der Erzählerin hineingenommen. Sie spielen mit, Phase für Phase die Vergangenheit der jungen Frau lebendig werden zu lassen, und gewinnen in dem geheimnisvollen Kontext die Kraft mysteriöser Elemente, die ganz im Sinne von Staigers Kongenialität des Interpreten sinnlich konkret gespürt, aber nicht rational als naturwissenschaftliche Erscheinungen ihrer Geheimnisse entkleidet werden sollen.

Sinn der Kurzgeschichte: Da sie mit dem Tod beginnt und endet, ist sie eine indirekte Aufforderung, das Geheimnisvolle des Lebens, der Schöpfung, zu erfühlen und im genauen Nachvollzug des Textes zu begreifen. Was bei vorwärts gerichteter Erzählperspektive eher zufällig wirken würde, erscheint bei dieser Erzählung teleologisch angeordnet. Die tröstlichen auktorialen Einlassungen der Erzählerin suggerieren, daß der teleologische Ablauf dieses Lebens sinnvoll sei.

1.2 Unterrichtszusammenhang und didaktische Analyse

Die Kurzgeschichte erscheint am Ende des 3. Kapitels, weil sie hohe Anforderungen an das Interpretationsvermögen der Schüler stellt. Eine inhaltliche Verbindung zu den vorher gelesenen Kurzgeschichten ist nicht gegeben. Von der Idee ausgehend läßt sich jedoch eine Verbindung zu Seurens „Das Experiment" herstellen. In beiden Fällen führt nämlich die Idee zu einer Verrätselung. Wie bei Seuren nach dem Sinn des Rückwärtsgehens, so fragt sich der Leser bei Aichinger nach der Begründung für das Rückwärtserzählen (vgl. 1.1 Interpretation, Erzählhaltung).

Wir haben uns gefragt, ob man Aichingers Kurzgeschichte Schülern der Oberstufe zumuten könne, weil das Symbol des Spiegels schwierig zu deuten ist. Am Text orientierte, werkimmanente Unterrichtsversuche ermuntern uns jedoch, dieses Wagnis zu empfehlen. Gerade Schüler haben eine ungebrochene Freude am Entdecken von Erzählmöglichkeiten, die durch das Kapitel II „Kreativer Umgang mit Kurzgeschichten" verstärkt worden ist. Die Erzähltechnik und ihren Sinn aufzuspüren (vgl. Interpretation, Erzählhaltung) ist fast Rechtfertigung genug für die mit dieser Kurzgeschichte versuchte didaktische Verfrühung.

Wo liegt nun der tiefere didaktische Sinn dieser Kurzgeschichte? – Wenn man eine geduldige (Geduld ist ein Schlüsselwort der Geschichte) Reise in die Vergangenheit antritt, gewinnt man eine andere Einschätzung der Zukunft. In der intensiven Rückschau werden Fürchterliches, Schönes und Schwieriges viel bewußter, z. B. durchlittene Schmerzen, das Entstehen einer Liebesbeziehung, die Spiele der Kindheit, das Erlernen von Sprechen und Gehen. Dies alles wird sehr direkt in den Kreislauf von Werden und Vergehen hineingestellt.

1.3 Unterrichtsziele

Die Schüler

- erkennen durch genauen Nachvollzug des Textes (werkimmanente Interpretation) das Prinzip der Erzähltechnik (Rückwärtserzählen). Außerdem ist eine allwissende Erzählerin eingeführt, die der jungen Frau Handlungsanleitungen geben kann;
- begreifen, daß ein menschliches Leben vom Tod bis zur Geburt und wieder Tod durchschritten wird, und können dessen wichtigste Stationen benennen;
- erkennen, daß sich durch die Besinnung auf die Vergangenheit Fragen der Schuld („Im Spiegel tut man alles, daß es vergeben sei"), Gefühle beim Sterben und bei der Liebe und elementare Vorgänge des Lernens (z. B. Sprechen, Gehen) in einem neuen Licht, also auch in einer neuen Einschätzung zeigen, wenn man geduldig und still dabei ist. (Zur Geduld und Stille fordert die Erzählerin ihre Hauptfigur, die junge Frau, immer wieder auf.);

– entdecken, daß ein Reiz des Erzählens darin liegen kann, den Sinn der Erzählung zu verrätseln. In diesem Falle wird nicht direkt gesagt, daß alles auf die Vergangenheit gerichtet ist und daß sich daraus eine neue Sicht der Dinge ergeben kann. Der blinde Spiegel des Vergessens sagt, daß man die Vergangenheit neu entdecken muß, weil das Bewußtsein des Vergangenen erloschen, die Sichtfähigkeit darauf verkümmert ist.
  Bei der „Rücksicht“ mit Geduld werden auch die Vorgänge in der Natur (Farben des Himmels, Wasser, Wind, Licht) als oft übersehene Mitspieler bei einem Schicksal wieder lebendig (vgl. 1.1 Interpretation, Die Natur).
  Ob Schüler den tiefsten Sinn dieser Kurzgeschichte (gleichsam teleologische Anordnung der einzelnen Geschehnisse auf den Tod hin) aufspüren können, sei dahingestellt. Viel hängt davon ab, ob sie erfassen, daß durch das geduldige Rückwärtserzählen übersehene Einzelheiten, jede für sich, sinnvoll erscheinen;
– sollen im Nachvollzug der Interpretation begreifen, daß die werkimmanente Interpretation die einzige Möglichkeit darstellt, diesen Text zu verstehen.

1.4 Unterrichtsverlauf und Methode

Der Text wird vor der Interpretation zur häuslichen Lektüre aufgegeben, damit er konzentriert gelesen werden kann. Am Anfang der Sequenz steht die Frage, ob der Text einen *Handlungsverlauf mit Stationen* enthält. Diese werden dann in einer Tafelanschrift verdeutlicht.

Tafelanschrift

Tod der jungen Frau →	Begräbnis →	neues Leben im Krankenhaus →	krank zu Hause →
bei der Engelmacherin →	Aufforderung zur Abtreibung →	Stationen der Liebe →	Schule → Kindheit →
Tod d. Mutter →	Sprechen u. Gehen verlernen	→ Geburt und → zugleich Tod	

Der Lehrer lenkt die Aufmerksamkeit jetzt auf das Thema „Spiegelgeschichte“: Natürliche Funktionen und Wirkungen eines Spiegels als eines alltäglichen Gebrauchsgegenstandes werden aufgezählt. Er fragt nach der wichtigsten Funktion. (Man will sich im Spiegel sehen) – Die Schüler sammeln Textstellen zu dem Spiegel in der Kurzgeschichte: Er ist blind, läßt also nicht zu, daß man sich darin sieht. Und dennoch: „Der Spiegel spiegelt alles.“ – Was wird gespiegelt? (Das Leben der jungen Frau/des Mädchens bis zur Geburt) – Lehrerfrage: Aber wie sind das Vergessen und Vergeben im Spiegel gemeint? [Der gerade erreichte Bewußtseinszustand wird bei der Reise in die Vergangenheit vergeben. Wenn Schuld vergeben wird, kann die junge Frau z. B. auch die Aufforderung zur Abtreibung, die sonst verdrängt würde, wieder erinnern: „Von da ab drängt er dich, mit ihm hineinzugehen.“]

Der Lehrer läßt die Textstellen aufsuchen, wo wörtlich von einer Zeitstufe die Rede ist, von der Zukunft. Was wird über sie ausgesagt? [„Die Zukunft ist vorbei". Einmal heißt es: „Was bringt die Zukunft?" In der Antwort ist aber von Vergangenem die Rede: „keine Söhne. Brüder hat sie dir gebracht ... ."] Der Lehrer läßt noch einmal feststellen, daß es keine Zukunft gibt. Das Thema heißt also Vergangenheit.

Die entscheidende Frage muß jetzt lauten, wer oder was die Auseinandersetzung mit der Vergangenheit ermöglicht. [Es ist der blinde Spiegel, der nicht nur die junge Frau/das Mädchen, sondern auch den Leser das entdecken läßt, was er nicht zeigt, die Vergangenheit nämlich.]

Um zu dem tieferen Sinn der Kurzgeschichte zu führen, läßt der Lehrer die Schüler zu Hause einen Aufsatz als Tagebucheintrag schreiben: ‚Eine geduldige Reise in Deine eigene Vergangenheit'. Da diese Niederschrift wahrscheinlich sehr persönliche Erinnerungen enthält, sollten die Schüler nur Passagen vorlesen, die sie anderen preisgeben möchten.

Die Besprechung der Kurzgeschichte schließt mit einem Transfer von den Tagebucheinträgen auf die Kurzgeschichte: Die junge Frau/das Mädchen wird sich ihres Lebens und all dessen bewußt, was ihr Bewußtsein vergessen und verdrängt hat. Sie lernt den Ablauf ihres Lebens sehen und weiß jetzt – im Augenblick des Todes – mehr von sich selbst.

Der hier vorgeschlagene Unterrichtsverlauf ist bisher bewußt nicht explizit auf die werkimmanente Interpretation eingegangen. In einer von den Schülern zu erbringenden Rückschau auf den Ablauf des Unterrichts läßt sich am besten begreifen, daß der vorliegende Text die einzige Autorität der Interpretation war. Beim Nachvollzug des Unterrichtsverlaufs kommt es vor allem auf die Einsicht an, daß die Interpretation einzelner Schlüsselworte und Sätze zum Verständnis des Textes unumgänglich war. Der Lehrer sollte dann zusammentragen lassen, welche möglichen, über den Text hinausweisenden Fragen zu dessen Erschließung sich erübrigten, z.B. nach dem Leben von Ilse Aichinger, nach der Entstehungsgeschichte des Textes, nach den Adressaten der Kurzgeschichte.

2. Die literatursoziologische Interpretation

In dem Beitrag „Die werkimmanente Interpretation“ wurde ein Ansatz dargestellt, einen literarischen Text, z. B. eine Kurzgeschichte, ausschließlich aus sich selbst heraus oder, wie es manchmal heißt, innerliterarisch, also werkimmanent, zu interpretieren und zu verstehen. Es wurde dabei bereits angedeutet, daß ein solches werkimmanentes Verfahren bei der Interpretation eines literarischen Werkes oft einseitig sein kann und daher durch andere Methoden ergänzt werden muß. Im folgenden soll ein literaturwissenschaftlicher Forschungszweig, der neben den innerliterarischen Elementen auch außerliterarische in die Interpretation einbezieht, beschrieben werden. Da es sich bei den außerliterarischen Bezügen im weitesten Sinne um gesellschaftliche Einflüsse auf den literarischen Text handelt, wird diese Form der Deutung auch literatursoziologische Analyse genannt.

Soziologie heißt Lehre von der Gesellschaft, genauer von dem Beziehungsgefüge der gesellschaftlichen Gruppen und einzelnen Menschen innerhalb einer bestimmten gesellschaftlichen Ordnung.

Daß ein literarischer Text nicht nur in sich kreist und isoliert von dem, was um ihn herum existiert, gesehen werden darf, sondern daß er im Gegenteil eine Vielzahl von Verbindungslinien zur außersprachlichen Wirklichkeit aufweist, wird deutlich, wenn man mindestens drei Faktoren berücksichtigt, ohne die ein Text nicht zur Wirkung kommen kann: Die Sprache, den Autor, den Leser (oder Rezipienten).

Die *Sprache*, die in eine Dichtung oder in irgendeinen Text eingeht, ist in starkem Maße Veränderungen, die letztlich gesellschaftlich bedingt sind, unterworfen. So finden heutzutage viele Ausdrücke aus der Jugendszene in die Literatur Eingang, weil sie eine Lebensweise und ein Lebensgefühl charakterisieren, die für einen großen Teil der jungen Generation und darüber hinaus für die derzeitige Gesellschaft überhaupt repräsentativ sind. Nur mit der Verwendung dieses Jargons[1] kann ein Autor die erwähnte Lebensweise / das Lebensgefühl glaubwürdig darstellen, vor allem, wenn er mit jugendlichen Lesern rechnet. In anderen Texten wiederum ist die Sprache von der Technik, die die hochindustrielle Gesellschaft in besonderer Weise prägt, beeinflußt.

Texte vergangener Jahrhunderte dagegen erscheinen manchmal deswegen merkwürdig, weil die in ihnen ausgedrückten Gefühle oder beschriebenen Sachverhalte keine Entsprechung mehr in der gesellschaftlichen Realität unseres Jahrhunderts finden.

Wie die Sprache ist auch der mit ihr arbeitende *Autor* gesellschaftlichen Einflüssen ausgesetzt. Der Autor ist verantwortlich für die Ideen, die Inhalte, aber auch für die literarische Form, in der diese dem Leserpublikum nähergebracht werden. Alle drei, Ideen, Inhalte und Form sind Elemente, die vom Dichter nicht völlig erfunden sind. Vielmehr wird er zunächst auf die zu seiner Zeit üblichen Denk- und Formmuster verwiesen und diese verarbeiten und sie je nach seinen Absichten einmal weniger, ein anderes Mal stärker verändern. So ist es mit dem allgemeinen gesellschaftlichen Bewußtseinswandel zu erklären, daß ein Autor heute z. B. über Freundschaft und Liebe zwischen Menschen anders schreiben muß als ein Schriftsteller vor 40 oder gar vor 140 Jahren. Heute übliche Formen, wie z. B. dokumentarische, reportagehafte, featureähnliche Texte, die deutlich von den Massenmedien beeinflußt sind, waren vor 100 Jahren unbekannt. Umgekehrt sind reimende, liedhafte Texte, die vor 150 Jahren, zur Zeit der Romantik[2] etwa, populär waren, heute in der Lyrik nicht mehr so häufig, da insbesondere die Werbung und die Schlagerindustrie durch häufigen Gebrauch Reime und Lieder für den Lyriker in Verruf gebracht haben. Für den Nachvollzug eines Textes oder die kritische Auseinandersetzung mit ihm kann es auch sehr entscheidend sein, welche politischen, religiösen und weltanschaulichen Ansichten ein Schriftsteller gehabt hat oder hat, weil diese oft bewußt, manchmal unbewußt die Inhalte seiner Werke und deren Form prägen.

Auch der *Leser* schließlich beeinflußt den Inhalt und die Machart eines literarischen Werkes. Die Erwartungshaltung der Leser, ihr Alter, ihre gesellschaftliche Herkunft und Stellung, ihr Geschmack und der Gebrauch, den sie von und mit einem Text zu machen gedenken, haben eine unmittelbare Auswirkung auf das, was ein Autor schreibt, und auf die Art, wie er schreibt. Einteilungen wie Jugendbücher, Unterhaltungsliteratur oder lehrhafte Dichtung sind Beispiele, die zeigen, daß die Adressatengruppe und der Gebrauchswert der Texte, also deren Rezeption, Auswirkungen auf die Inhalte und die Form der Texte haben.

Die gesellschaftliche Situation des Autors und des Lesers sind also Faktoren, die nur vermeintlich als außerliterarische Größen auf das Werk keinen Einfluß haben. Daneben gibt es noch andere Einflußfaktoren, z. B. die Vermittlungsinstanzen. Man versteht darunter alle jene Institutionen, in denen oder mit Hilfe derer Literatur gedruckt, gebrauchsfertig gemacht und verbreitet wird. Das sind vor allem das Verlagswesen, die Massenmedien und der Buchhandel. So ist z. B. die im wesentlichen auf Gewinn ausgerichtete Struktur vieler Vermittlungsinstanzen nicht ohne Einfluß auf die Art, wie Bücher geschrieben und wie sie aufgemacht sind.

Literatursoziologen untersuchen – das wurde oben zu zeigen versucht – die Wechselwirkung zwischen dem literarischen Werk und der Gesellschaft, in der es entstanden ist und gelesen wurde bzw. gelesen wird. Dabei gibt es innerhalb dieser Wissenschaft mehrere Richtungen, die verschiedene Akzente setzen. Bedeutsam für die Analyse von Texten sind vor allem zwei literatursoziologische Schulen. Die eine, stark an marxistischen Denkansätzen orientiert, sieht Literatur als Teil des Überbaus[3] entscheidend geprägt und abhängig von der gesellschaftlich-ökonomischen[4] Wirklichkeit, der Basis. Diese, die die materielle Lebenssituation und die materiellen Lebensbedingungen schlechthin meint, bestimmt, so diese Theorie, die dichterischen Inhalte und ihre literarische Repräsentation. Dichtung schafft nach dieser Schule also keine eigene Welt, sondern spiegelt lediglich die außerliterarische Realität, die Basis, wider. In der Regel ist die Perspektive dieser Widerspiegelung parteiisch gebunden, d. h. an den Interessen der wichtigen gesellschaftlichen Klasse, also im Sinne des Marxismus der Arbeiterklasse, zu messen.

Diese Sicht einer weitgehenden bzw. völligen Abhängigkeit der Literatur von der außerliterarischen Realität wurde von anderen, auch von marxistischen Literatursoziologen, als zu einseitig kritisiert und abgelehnt, da sie zu wenig die Wechselbeziehung zwischen Literatur und der außerliterarischen Wirklichkeit sehe und vor allem den ästhetischen Charakter eines Kunstwerks außer acht lasse. Zu nennen sind hier besonders Theodor W. Adorno und die sogenannte Frankfurter Schule. Für sie ist es eine Selbstverständlichkeit, daß eine angemessene Analyse von Literatur deren ästhetische Komponenten[5] von dem gesellschaftlichen und historischen Umfeld des Autors und der Leser im weitesten Sinne und ggf. auch von den Vermittlungsinstanzen nicht ablösen kann.

1 *Jargon:* saloppe, fachsprachlich eingefärbte Umgangssprache einer Berufsgruppe oder gesellschaftlichen Gruppe
2 *Romantik:* in der Literaturgeschichte die Zeit um 1810 bis 1835
3 *Überbau:* Begriff des Marxismus (des historischen Materialismus), der die Gesamtheit aller gesellschaftlichen Ideen, Einstellungen und Normen, wie sie sich z. B. im Rechtswesen, in der Politik, in der Religion, in der Kunst, in den Wissenschaften darstellen, umfaßt. Der Ü. steht in Wechselwirkung zur Basis, unter der man im Marxismus die Produktionsverhältnisse versteht. Die Basis bestimmt nach Marx den Überbau – das Sein bestimmt das Bewußtsein –, der aber in bestimmten Situationen auf die Basis zurückwirkt.
4 *ökonomisch:* wirtschaftlich
5 *ästhetische Komponenten:* z. B. die dichterische Sprache, die stilistischen Mittel, der Aufbau eines literarischen Textes

Franz Fühmann Das Judenauto

2.1 Interpretation

Methoden der Interpretation: Eine nur am Text orientierte (werkimmanente) Interpretation könnte ausreichen, um zwei Fragen zu beantworten, die die Kurzgeschichte direkt aufwirft: Wodurch kommt das latent schlummernde Vorurteil gegen die Juden in dem Ich-Erzähler zum Ausbruch, und weshalb sieht er selbst dann noch in den Juden die Auslöser allen Unheils, als die Erzählung seiner Klassenkameradin seine Vernunft vom Gegenteil hätte überzeugen müssen.

Der Text stellt aber – wenn auch nicht direkt – noch eine dritte Frage, die aus ihm selbst heraus nicht beantwortet werden kann: Weshalb sind in den Gesprächen der Erwachsenen die Juden „schuld an allem Schlechten in der Welt"? Anders und abstrakter formuliert: Die Kurzgeschichte behandelt die Genese eines Vorurteils und seine Beharrungskraft gegenüber der Vernunft; sie geht aber nicht darauf ein, weshalb sich das Vorurteil an einer bestimmten ethnischen Minderheit festmacht und weshalb es zur Handlungszeit der Kurzgeschichte 1931 mit besonderer Vehemenz wuchs. Wir meinen, daß sich diese Frage gerade wegen der Anschaulichkeit, mit der das Vorurteil dargestellt wird, Schülern aufdrängt. Sie läßt sich aber nur mit sozialem und historischem Wissen beantworten, das die Kurzgechichte nicht bereitstellen konnte, ohne die Grenze der Gattung und ihre innere Geschlossenheit aufzugeben. Damit der Lehrer die legitime dritte Frage, weshalb die Juden das Objekt so vieler Vorurteile waren, bearbeiten lassen kann, haben wir den Text von Ludger Graf von Westphalen in das Schülerheft aufgenommen. Er klärt, weshalb die Juden von der großen Mehrheit soziologisch nicht geschulter Menschen vor und während der Entstehungszeit der Kurzgeschichte und von vielen auch heute noch zu Unrecht als finanzielle Erpresser diffamiert wurden/werden und warum sie sich infolge der mittelalterlichen Zunftordnung vorzugsweise auf Geldgeschäfte verlegten. Ein Textauszug aus Hitlers „Mein Kampf" verdeutlicht exemplarisch, daß es zum Wesen des Vorurteils gehört, daß die mit Vorurteilen Behafteten jene auch äußerlich entstellen und dämonisieren, auf die sich ihr Vorurteil erstreckt. Zwei weitere Textauszüge, der Vorspann zu dem Film „Der ewige Jude" und „Der Giftpilz" aus einem antisemitischen Kinderbuch, zeigen durch eine massive Kolportage von Vorurteilen noch einmal, daß diese zur Zeit des erstarkenden Nationalsozialismus massenwirksam verbreitet waren und daß die Kriminalisierung der Juden als heimtückische Mädchenmörder in der Kurzgeschichte Fühmanns – dort in aufklärerischer Absicht – durchaus keine singuläre Übertreibung darstellte.

Motiv und Erzählform: Die Kurzgeschichte „Das Judenauto" führt behutsam in das Motiv der Diskriminierung der rassischen Minderheit der Juden ein. In einer Art Exposition nähert sich der Ich-Erzähler allmählich der eigentlichen Geschichte, die im Sommer 1931 spielt. Vorher aber thematisiert Fühmann die Erinnerung, weil ihm daran liegt, daß aus ganz persönlicher Erinnerung des Ich-Erzählers mitgeteilt wird. Das Erinnern, unterstützt durch Erzählungen seiner Mutter, bezieht sich zunächst auf das Relief eines Zigeunerlagers. Diese Erinnerung wird noch mit ausschließlich positiver Assoziation mit einer warmen grünen Farbe in Zusammenhang gebracht, die einen Kachelofen zierte. Die zweite positive Assoziation des Erzählers erstreckt sich auf einen heruntergekommenen Großbauern, die „Spottfigur des Dorfes". Die Mutter hat aber auf diesen Menschen nicht mehr positiv reagiert. Sie hat den Erzähler mit einem Schrei des Entsetzens von dessen Knie gerissen. So wird das Unheimliche allmählich in die Geschichte eingeführt. Danach folgen eher angenehme Bilder von der dörflichen Natur und Umwelt. Mit der Schule schließlich wird endgültig Schreckliches thematisiert. Von einem düsteren Korridor ist die Rede, „durch den aus den Klassenräumen heraus die Menschenangst wie ein Nebelschwaden kroch." Das Zigeunerlager und der heruntergekommene Großbauer hätten schon Gelegenheit geboten, das Motiv der Diskriminierung deutlicher anzusprechen, dienten jedoch nur zur Einstimmung.

Im weiteren Verlauf der Kurzgeschichte erweist sich, daß die Formulierung von der rassischen Diskriminierung der Minderheit der Juden zu kurz greift. Das Motiv ist genauer das Entstehen und die Verfestigung von Vorurteilen. Dabei interessiert das Verhalten des mit einem Vorurteil behafteten Ich-Erzählers und nicht das tatsächliche Verhalten der von dem Vorurteil betroffenen Juden. Wichtig ist, daß Fühmann sein Ziel der Bloßstellung eines Vorurteils besonders gut erreicht, obwohl oder weil er das Wort an keiner Stelle benutzt.

Entwicklung des Vorurteils: Fühmann erzählt so exakt von den Komponenten, die in dem Syndrom eines Vorurteils zusammenkommen, als hätte er ein soziologisches Handbuch benutzt. Dabei wird er aber niemals theoretisch, sondern entwickelt das Entstehen und die Verfestigung des Vorurteils folgerichtig aus seiner Erzählung.

Anfangs wird deutlich, daß vorurteilsbehaftete Menschen nicht anfällig für Klatsch sein müssen. So lassen sich auch die Jungen der Klasse von der plappernden Gudrun K. zunächst nicht beeinflussen. Es ist erst „ein ganz spitzes quiekendes Iii des panischen Schreckens", das ihre Aufmerksamkeit erregt. Der Phantasiebericht der Klassenkameradin über die angeblich mädchenmordenden Juden löst eine „seltsame Angst " aus und wird in keinem Augenblick bezweifelt. Zu dem Nährboden des Vorurteils gehören also Angst, Mangel an eigener Erfahrung („Ich hatte zwar noch keinen Juden gesehen ...") und Stereotypen aus Gesprächen der Erwachsenen. Insbesondere sie lassen den Erzähler keinen Augenblick zweifeln. Die Angst, die sich in seiner Phantasie eingenistet hat, bewirkt, daß dem Erzähler auf dem Heimweg selbst die vertraute heimatliche Natur als bedrohlich erscheint: „Die Wiesen dufteten sinnverwirrend, ... der Mohn neben den Raden lohte drohend, ... doch nun war mir, als ob sie (die Natur, E. M.) mich von sich stieße und ein Riß aufbräche zwischen meiner Umwelt und mir." Die Angst wird so lähmend, daß der Erzähler unter Realitätsverlust leidet. Zwar vermeint er erst zu sehen, daß das Auto, das auf ihn zufährt, braun ist mit drei Personen darin. Aber es verwandelt sich schnell in das grellgelbe Judenauto mit vier Menschenfängern, ganz der grauenerregenden Erzählung der Klassenkameradin entsprechend. Typisch ist auch, daß der vom Vorurteil Befallene seine Wahrnehmungen für „unwiderlegliche Tatsachen" hält. Die Momente, die zum Entstehen des Vorurteils beitragen, mögen vielleicht auch jungen Lesern bereits bekannt sein. Verblüffend ist für den sozialpsychologisch nicht Geschulten der Ausgang der Erzählung.

Als das Mädchen den Bericht des Erzählers von dem Judenauto nun wirklich unwiderlegbar als ein Phantom der Phantasie entlarvt hat, packen ihn eine tiefe Scham und Wut. Er reagiert wie viele Vorurteilsbehaftete auf die das Vorurteil entkräftenden Tatsachen irrational. Die Schuld an seinem Fehlverhalten mag er sich nicht eingestehen. Er sucht sie nun gerade bei den Juden, wobei er die alten, früher gehörten Stereotypen wieder heranzieht: „... und plötzlich wußte ich: Sie waren dran schuld! ... Sie hatten alles Schlechte gemacht, das es auf der Welt gibt, sie hatten meinem Vater das Geschäft ruiniert, sie hatten die Krise gemacht und den Weizen ins Meer geschüttet ...“. Am Ende steht das verfestigte Vorurteil, der Haß.

2.2 Unterrichtszusammenhang und didaktische Analyse

Diese letzte Kurzgeschichte soll ein Beispiel dafür sein, daß man ein Phänomen – hier handelt es sich um Vorurteile – aus dem Text selbst heraus verstehen kann, daß aber zu einer intensiveren Erfassung seiner Problematik auch auf der Mittelstufe propädeutisch einige soziologische Quellen heranzuziehen und Überlegungen anzustellen sind, die über die werkimmanente Analyse hinausgehen.

Es liegt auf der Hand, daß diese Kurzgeschichte als Anstoß zur kritischen Auseinandersetzung mit Vorurteilen ausgewählt wurde. Ihr pädagogischer Wert liegt darin, daß sie verdeutlicht, wie komplex Vorurteile sind und daß man sie nicht einfach rational bekämpfen kann, vor allem dann nicht, wenn man den in Vorurteilen Befangenen beschämt, weil er dann gerade an ihnen festhält. Eine weniger wahrhaftige und sozialpsychologisch schlechtere Kurzgeschichte hätte mit der Aufdeckung des Vorurteils geschlossen.

Ein weiterer wichtiger Punkt in dieser Kurzgeschichte ist ebenfalls eine von der Soziologie betonte Grunderkenntnis. Vorurteile haben eine längere Entwicklungsgeschichte, sowohl in der Biographie eines einzelnen Menschen als auch historisch gesehen als Gruppenvorurteile. Diese Kurzgeschichte verdeutlicht am Verhältnis des Jungen zu dem heruntergekommenen Bauern, daß Kinder, die noch keine Vorurteile haben, diese unter dem Einfluß Erwachsener entwickeln und daß ein Vorurteil, ehe es sich im praktischen Handeln aktuell zeigt, häufig eine längere Inkubationszeit hat.

Aus dem bisher Dargelegten folgt, daß es pädagogisch falsch wäre, eine trügerische Überlegenheitshaltung gegenüber den Vorurteilen zu fördern. Das Aufsitzen auf dem Vorurteil wird, indem auch die angsterzeugenden Außeneinflüsse dargestellt werden (der Junge will sich vor der geliebten Klassenkameradin nicht blamieren; Funktion der angsterzeugenden Natur) so überzeugend entwickelt, daß keiner sich davon freisprechen kann.

Insbesondere junge Menschen wird die Kurzgeschichte aus mehreren Gründen ästhetisch ansprechen. Sie wird als Ich-Erzählung aus der Perspektive eines Jungen wiedergegeben. Da aus der persönlichen Erinnerung geschildert und auf jedes Fachvokabular verzichtet wird, wirkt sie packend.

Im folgenden empfehlen wir auch bei der Beschreibung des Unterrichtsverlaufs die Schüler zunächst werkimmanent die allmähliche Verfestigung des Vorurteils und seine Resistenz gegenüber der Vernunft erkennen zu lassen. Danach soll mit soziologischem Material und entsprechendem Verfahren erarbeitet werden, weshalb es sich massenwirksam auf die Juden erstreckt und weshalb seiner Wirkung so schwer beizukommen ist.

2.3 Unterrichtsziele

Die Schüler

- erkennen, daß das Handeln des Ich-Erzählers von einem Vorurteil bestimmt wird;
- arbeiten die Genese des Vorurteils heraus;
- ermitteln Gründe, weshalb der Ich-Erzähler an seinem Vorurteil festhält;
- überprüfen sich selbst auf Vorurteile;
- entdecken, wie der Erzähler Fühmann Betroffenheit erzeugt und falsche Überlegenheit gegenüber dem Vorurteil abbaut
  - Ich-Erzählung = Identifikation
  - fesselnde Beschreibung der angsterzeugenden Ursachen des Vorurteils;
- ermitteln die Komponenten eines Vorurteils aus dem Text und aus dem Quellenmaterial systematisch;
- erklären mit Hilfe der Quellen, warum sich das Vorurteil auf die Juden erstreckt.

2.4 Unterrichtsverlauf und Methode

Die Schüler müssen Zeit haben, um sich in diese psychologisch sensible Kurzgeschichte zu versenken. Deshalb häusliche Lektüre.

Unverständliches soll notiert werden. U. a. werden die Schüler vermutlich folgende Punkte als nicht unmittelbar einleuchtend vorbringen: die Funktion der Erinnerungen in der Einleitung, der Glaube der Klasse an die Erzählung der Klatschbase von dem Judenauto, das Beharren des Jungen auf dem Vorurteil am Ende der Kurzgeschichte.

Um diese Fragen beantworten zu können, sollte der Lehrer dem Verlauf der psychologisch plausibel aufgebauten Kurzgeschichte folgen, damit die Genese des Vorurteils und dessen tiefe Verhaftung in der Person des Ich-Erzählers deutlich werden. Dabei verlangen zwei Aspekte des Vorurteils eine eingehende Erörterung. Die Schüler müssen erkennen, daß der Ich-Erzähler aus Scham an seinem Vorurteil festhält und daß man deshalb Vorurteilen nicht nur durch rationale Widerlegung beikommen kann.

In diesem Sinne können Vorurteile, die in der Lerngruppe selber existieren, nur dann tatsächlich in Frage gestellt werden, wenn jeder Schüler sich selbst auf ihm noch verborgene Vorurteile prüft. Dies kann geschehen, wenn sie anonym über eigene Vorurteile berichten und der Lehrer diese Berichte zur Diskussion stellt.

Ein neuer Ansatz ist die Frage, wie Fühmann bei seinen Lesern Betroffenheit zu erzielen versucht und die Haltung der Überlegenheit abbaut: Ich-Erzählung ermöglicht Identifikation; mehrere Ursachen des Vorurteils verdeutlichen, wie schwer es ist, sich dagegen zu wappnen: Kindheitserinnerung an den heruntergekommenen Großbauern, Angst als Gruppenreaktion in der Schule, Stereotypen der Erwachsenen, Natur als Angstauslöser, Blamage vor der Klasse durch die geliebte Mitschülerin.

Das inhaltliche Syndrom des Vorurteils in dieser Geschichte und die Strategie des Erzählers können durch zwei Tafelbilder verdeutlicht werden.

Tafelanschriften

1. Komponenten des Vorurteils

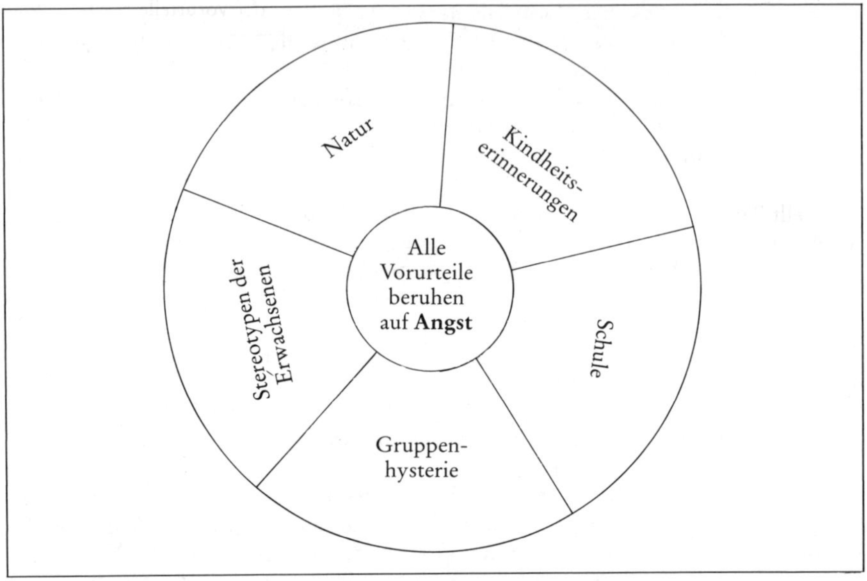

2. Strategie des Erzählers

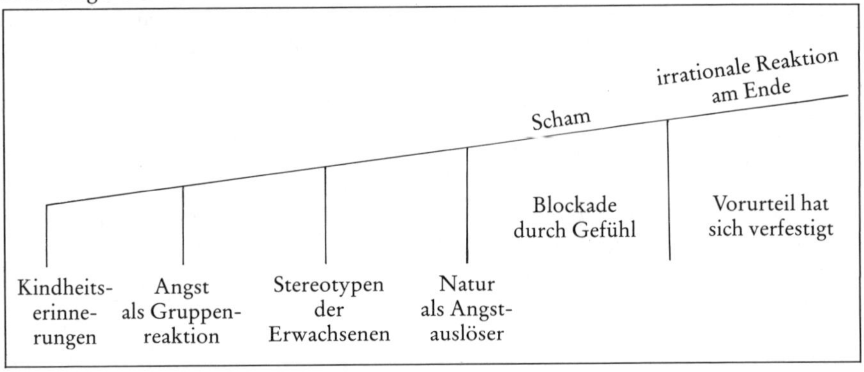

Der Lehrer läßt noch einmal die Textstellen heraussuchen, die ausschließlich die Juden als Verursacher allen Unheils dieser Welt abstempeln. Dann stellt eine Gruppe die Vorurteile systematisch zusammen, die in der Kurzgeschichte erwähnt werden. Zwei oder drei Gruppen suchen die Vorurteile heraus, die in den Quellentexten erscheinen. Eine weitere Gruppe beschäftigt sich mit dem Text von Ludger Graf von Westphalen. Welche Gründe führt dieser dafür auf, weshalb die historische und gesellschaftliche Entwicklung seit der Zeit des markt- und stadtgebundenen Handels Vorurteile gegenüber den Juden begünstigte? Die Befunde aller Gruppen werden in einer dreispaltigen Tabelle eingetragen.

Vorurteile aus der Kurzgeschichte	Vorurteile aus den Quellen	Gründe für die Entstehung der Vorurteile
...	...	...

2.5 Hausaufgabe

Stellt Thema 1 oder 2 schriftlich dar.

1. Nennt andere völkische Minderheiten und tragt Vorurteile ihnen gegenüber zusammen, die Ihr aus Gesprächen und aus den Massenmedien kennt.
2. Macht praktische Vorschläge, wie Eures Erachtens in der frühkindlichen Erziehung, in der Schule und in der Öffentlichkeit Vorurteilen gegenüber Völkern/Rassen begegnet werden kann. Beachtet dabei die Erkenntnis aus der Kurzgeschichte, daß der einfache Appell an die Vernunft nicht ausreicht. Lest Euch auch gründlich den Text von Hannah Vogt „Verfolger und Verfolgte im Bann des Vorurteils“ durch, der ebenfalls Hinweise darauf gibt, welche Schwierigkeiten sich der Überwindung von Vorurteilen entgegenstellen.

V. INTERPRETATIONEN EINER KURZGESCHICHTE

Da wir zu der Kurzgeschichte von Brecht zwei Interpretationen ins Schülerheft aufgenommen haben und da sie auch an anderem Orte sehr häufig interpretiert wurde (vgl. Reinhard Schlepper: Was ist wo interpretiert? Schöningh, Paderborn, 7. erweiterte Auflage 1986, S. 53), haben wir hier auf eine weitere Interpretation verzichtet.

Der Titel der von uns übernommenen zweiten Interpretation von Kliewer: „Brechts ‚unwürdige Greisin' – Lehrstück oder Propaganda?" zeigt bereits deutlich, daß die Rezeption dieser Kurzgeschichte vielfältig und schillernd ist.

Mit der ausführlichen didaktischen Einleitung im Schülerheft zu den beiden ausgewählten Interpretationen haben wir dargelegt, welchen Sinn wir darin sehen, daß Schüler sich mit unterschiedlichen Interpretationen auseinandersetzen. Hier mag eine Zusammenfassung der Einführung des Schülerheftes genügen: Wir wollen insbesondere zwei Vorurteilen von Schülern im Umgang mit Interpretationen entgegenwirken. Entweder meinen sie fälschlich, daß es nur eine einzige erschöpfende und in jeder Beziehung richtige Interpretation von Literatur geben müsse, ohne daß sie die Akzentuierung und Interessenrichtung der jeweiligen Deutung erkennen. Sind sie aber von dieser Fehleinschätzung befreit, können sie leicht der anderen extremen Meinung verfallen, daß Interpretationen ein hohes Maß an Beliebigkeit enthielten. Deshalb muß der Lehrer klarstellen, daß es mit dieser Schwerpunktsetzung innerhalb der Unterrichtseinheit zu Kurzgeschichten nicht nur darum geht, die Kurzgeschichte von Brecht möglichst umfassend und im Sinne der Intention des Autors zu verstehen, sondern auch darum, daß die Methode der Interpretation selbst zum Gegenstand der Überlegung wird.

Werden unterschiedliche Interpretationen auf der Mittelstufe verglichen, so reicht es aus, anhand des Primärtextes festzustellen, daß die Interpreten unterschiedliche Stellen des Textes mehr oder weniger hervorgehoben bzw. außer acht gelassen haben. Im Vergleich mit der eigenen Interpretation können diese Schwerpunktsetzungen bewertet werden. Auf der Oberstufe sollte den Schülern bewußt werden, daß konträre Auffassungen zu einem Text durch diesen selbst ausgelöst werden können. Darüber hinaus sollte die Erkenntnis angestrebt werden, daß die Differenz zwischen Entstehungszeit des Textes und Absicht seines Autors sowie der Zeit der Rezeption und Interessen seines Lesers zu unterschiedlichen Deutungen führen können, die unter diesem Gesichtspunkt erklärbar werden und ihre Beliebigkeit verlieren.

VI. GESTALTUNGSELEMENTE DER KURZGESCHICHTE

Im Schülerheft wurde in der Einleitung zu Kapitel VI bereits der Versuch unternommen, Schülern zu erklären, weshalb es didaktisch sinnvoll ist, sich mit Gestaltungselementen von Kurzgeschichten auseinanderzusetzen. Deshalb können wir uns hier auf das Wichtigste beschränken.

Unseres Erachtens macht es weder auf der Mittelstufe noch auf der Oberstufe viel Sinn, die Kurzgeschichte als Gattung zu problematisieren, weil dies differenzierte Einblicke in jene Gattungen voraussetzt, aus denen sie entstanden ist, nämlich in die Anekdote, die Novelle und die short story. Auch an den Erscheinungsformen orientierte Versuche, die Gattung Kurzgeschichte phänomenologisch zu beschreiben, um zu einer Definition zu gelangen, sind eher eine Aufgabe für Literaturwissenschaftler. Dennoch stellen wir den Schülern zwei Lexikonartikel von Jürgen Baurmann und Ulrich Eisenbeiß vor, primär mit dem Ziel, ihnen vor Augen zu führen, wie vielgestaltig Kurzgeschichten sein können.

Auch die Textauszüge zu einzelnen Gestaltungselementen der Kurzgeschichte, nämlich zu deren Aufbau, Personengefüge (Helden), zu der Erzählperspektive und Sprache sollen weniger Idealtypisches festschreiben, als zum Vergleich mit eigenen Befunden aus der Analyse oder beim eigenen Gestalten von Kurzgeschichten herausfordern. Aus diesem Grunde wird den Schülern häufiger die Aufgabe gestellt, Abweichungen, die bei eigener Interpretation ermittelt werden oder sich bei der Gestaltung von Kurzgeschichten ergeben, zu den Strukturelementen in den Textauszügen festzustellen. Ziel ist es, die Abweichungen eher als kreative Möglichkeiten denn als fehlerhafte Übertretung der „Gattungsgesetze" zu verstehen. Dennoch sind die teils normativen Zusammenfassungen in den Textauszügen zu den Gestaltungselementen nützlich; denn sie geben überhaupt Anhaltspunkte für einen Vergleich und bei eigenen Gestaltungsversuchen Orientierungsmöglichkeiten. Wenn sich dabei doch ein Bild von der Gattung Kurzgeschichte ergeben sollte, ist dies bestimmt kein Nachteil; wichtig ist allerdings, daß die Grenzen der Gattung nicht zu scharf gezogen werden.

QUELLENVERZEICHNIS/AUSGEWÄHLTE LITERATUR

Bachmann, Fritz (Hrsg.): Interpretationen zu Erzählungen der Gegenwart. Frankfurt/M.: Hirschgraben ⁵1987

Bender, Hans: Ortsbestimmung der Kurzgeschichte. – In: Akzente 3 (1962), S. 205 ff.

Doderer, Klaus: Die Kurzgeschichte in Deutschland. Darmstadt: Wissenschaftliche Buchgesellschaft ⁶1980

Frommer, Harald: Leseprozesse im Unterricht. – In: Der Deutschunterricht 2 (1981)

Gerth, Klaus: Die Kurzgeschichte in der Schule. – In: Westermanns Pädagogische Beiträge 11 (1962), S. 437 ff.

Gerth, Klaus: Kritik der Kritik. Zur Kurzgeschichte in der Schule. – In: Westermanns Pädagogische Beiträge 7 (1963), S. 298 ff.

Ingarden, Roman: Das literarische Kunstwerk. Tübingen: Niemeyer ⁴1972

Kilchemann, Ruth: Die Kurzgeschichte. Formen und Entwicklung. Stuttgart: Kohlhammer ³1971

Lorbe, Ruth: Die deutsche Kurzgeschichte in der Jahrhundertmitte. – In: Der Deutschunterricht 1 (1957), S. 36 ff.

Kayser, Wolfgang: Das sprachliche Kunstwerk. Bern und München: Francke ¹³1968

Marx, Leonie: Die deutsche Kurzgeschichte. Stuttgart: Metzler 1985 (enthält eine reichhaltige Bibliographie)

Mittelberg, Ekkehart: Methoden- und Rezeptionswandel in der Literaturwissenschaft am Beispiel der Sesenheimer Lyrik Goethes. Stuttgart: Klett 1976

Motekat, Helmut: Gedanken zur Kurzgeschichte. – In: Der Deutschunterricht 1 (1957), S. 20 ff.

Nentwig, Paul: Die moderne Kurzgeschichte im Unterricht. Interpretationen und methodische Hinweise. Braunschweig: Westermann ⁷1980

Rinsum, Annemarie und Wolfgang van: Interpretationen. Kurzprosa. München: Bayerischer Schulbuch-Verlag 1982

Rohner, Ludwig: Theorie der Kurzgeschichte. Wiesbaden ²1976

Skorna, Hans-Jürgen: Die Kurzgeschichte der Nachkriegszeit im Unterricht. Ratingen 1967

Spinner, Kaspar H.: Moderne Kurzprosa in der Sekundarstufe I. Hannover: Schroedel 1984

Spinner, Kaspar H.: Produktionsaufgaben zu Kurz- und Kürzestgeschichten. – In: Praxis Deutsch 75 (1986), S. 55

Staiger, Emil: Goethe. 1. Bd. Zürich: Atlantis 1952

Staiger, Emil: Die Kunst der Interpretation. Zürich: Atlantis 1955

Staiger, Emil: Meisterwerke deutscher Sprache. Zürich: Atlantis ³1957

Ulshöfer, Robert: Unterrichtliche Probleme bei der Arbeit mit der Kurzgeschichte. – In: Der Deutschunterricht 6 (1958), S. 5 ff.